Bettina Berger
Kieler Str. 110 b
24119 Kronshagen
0431 / 58 15 06

Bernhard Geue
Wie ich mir das Leben zur Hölle mache

Bernhard Geue

Wie ich mir das Leben zur Hölle mache

und andere erfolgreiche
Strategien, sich selbst zu
schaden

Kreuz Verlag

Die Deutsche Bibliothek – CIP-Einheitsaufnahme

Geue, Bernhard:
Wie ich mir das Leben zur Hölle mache und andere erfolgreiche Strategien, sich selbst zu schaden / Bernhard Geue. – 1. Aufl. – Zürich : Kreuz Verl., 1992
    ISBN 3-268-00116-5

1. Auflage
© Kreuz Verlag AG Zürich 1992
Umschlaggestaltung: Jürgen Reichert, Stuttgart
Umschlagbild: Ausschnitt aus „Die Versuchung des heiligen Antonius" von Hieronymus Bosch / Archiv für Kunst und Geschichte, Berlin
Satz: Fotosatz Froitzheim, Bonn
Druck und Bindung: Röck, Weinsberg
ISBN 3 268 00116 5

Inhalt

Einleitung

Dieses Buch ist als Orientierungshilfe gedacht. Es gibt ja genügend persönliche Gründe, um am Dasein und am Sinn des Lebens zu verzweifeln – und deshalb nach Unterstützung zu suchen. Jede Krise auf körperlichem, geistigem, emotionalem und zwischenmenschlichem Gebiet kann zum Drama werden. Dabei kommt es nicht darauf an, ob eine andere Person (die Partnerin, der Freund) das betreffende Problem verstehen oder die seelische Notlage mitempfinden kann, oder ob Fachleute die Berechtigung der Beschwerden anerkennen. Ausschlaggebend für das Ausmaß des Leidens ist allein die Stimmung im eigenen Inneren. Und die fragt weder nach logischen Begründungen noch nach der Berechtigung von Ängsten; sie ist einfach da und kann sich verheerend auswirken.

Etwa in bezug auf die Gesundheit: Heimtückische Erkrankungen (wie Asthma, Diabetes und Rheuma) treten immer häufiger auf und verbreiten Furcht. Chronische Schmerzen, vegetative Instabilität und Allergien haben sich epidemisch ausgebreitet und plagen weite Kreise der Bevölkerung. Immer mehr Menschen erleiden zudem eine bleibende Einschränkung ihrer Lebensqualität; sie sind an den Rollstuhl gefesselt oder hängen regelmäßig an der künstlichen Niere. Der Fortschritt der Medizin hat zwar eindrucksvolle Hilfen gegen Siechtum und körperliche Qualen entwickelt. Die moderne Heilkunst kann vielen Patienten helfen, die noch vor Jahren dem sicheren Tod verfallen wären – und trotzdem gibt es ein großes Aber.

Denn wer weiter am Leben gehalten wird, der ist deswegen nicht automatisch schon glücklich. Das subjektive Leiden an den dauerhaften Einschränkungen wird leider weder durch raffinierte technische Ersatzteile noch durch Maschinen und Medikamente beseitigt. Die chronischen Kopfschmerzen, der Heuschnupfen oder der künstliche Darmausgang können den Alltag zur Qual machen, und zwar selbst dann, wenn die therapeutischen Maßnahmen Erfolg haben.

Andere Menschen sind zwar körperlich gesund, aber aus anderen Gründen in eine ernste Krise geraten. Auf ihnen lastet die Hypothek einer negativen Lebensbilanz. Vielleicht mußten sie endgültig Abschied von beruflichen Träumen und Hoffnungen nehmen. Etwa, weil die Karriere im Außendienst trotz vieler Anläufe gescheitert ist oder weil der Arbeitsplatz im Bergbau verlorenging, als man die Zeche geschlossen hat… Auch privat steht es möglicherweise nicht mehr zum besten. Die Kinder verlassen Vater und Mutter im Unfrieden, die Ehe ist nach 23 Jahren zerbrochen, die Beziehung zur Verwandtschaft und zum Freundeskreis ist gestört.

Selbst wenn die Welt äußerlich in Ordnung zu sein scheint, so kann der Betreffende doch seinen inneren Frieden verloren haben und mit dem Schicksal hadern. Besonders dann, wenn es so aussieht, als hätten es die beste Freundin, der Klassenkamerad oder ein Arbeitskollege besser getroffen. „Warum", so fragt er sich, „warum ist mir nur alles danebengegangen? Bin ich besonders unfähig, oder was habe ich verbrochen?"

Jemand, der beginnt, sich so in Zweifel zu ziehen, der verliert sehr schnell den Blick für die Sonnenseiten des eigenen Lebens; denn er irrt zunehmend im Labyrinth der düsteren Gefühle herum. Als Folge davon entsteht eine brisante Mischung aus Schuldgefühlen, Selbstanklagen und Aggressionen gegen Gott und die übrige Welt. Man fragt sich schließlich immer wieder (und dreht sich damit in einem endlosen Kreis): „Habe ich denn keine Chance, kein Recht auf ein glückliches Leben? Warum benachteiligt ausgerechnet mich das Schicksal?"

Wer sich selbst keine Verbesserung der Lage zutraut, der

sucht fast automatisch nach Hilfe von außen und damit sein Heil auf fremden Wegen. Er möchte dann gerne wissen, wie hoch der Preis für die Reparatur des Lebensgefühls sein könnte: Muß ich mich gesünder ernähren, auf das Schnitzel verzichten und Rohkost mümmeln? Nimmt die Potenz zu, wenn ich im Morgengrauen durch den Stadtwald jogge und literweise Aufbaumittelchen schlucke? Müßte ich mich am Arbeitsplatz bereitwilliger unterordnen, die fehlende Anerkennung katzbuckelnd erdienen und meine persönlichen Interessen der Wohlfahrt und dem Hundezuchtverein zum Opfer bringen?

Muß ich vielleicht bußfertig meinen sündhaften Lebenswandel bereuen, um in den Augen der himmlischen Richter Wohlgefallen zu finden und so mein Wohlbefinden zu sichern? Sollte ich öfter und reichlich für humanitäre Zwecke spenden und mein ruhiges Gewissen per Dauerauftrag (zugunsten frommer Institutionen) sichern? Solche Fragen zeigen deutlich, daß der Betreffende von sich gar nichts mehr, von anderen aber alles erwartet; ganz gleich, ob es darum geht, daß das Glück vom Himmel fallen, die Mitmenschen einen bewundern oder der eigene Körper Höchstleistungen bringen soll: Man spekuliert darauf, daß der liebe Gott, der Vereinsvorstand oder die Mutter Natur schon alles in Ordnung bringen werden...

Lebensfreude ist dann keine persönliche Leistung mehr, sondern ein Cash-und-Carry-Artikel aus dem Warenhaus „Zur irdischen Glückseligkeit"– den heißen Sex und die ewige Schönheit gibt es im Obergeschoß, gesellschaftliches Ansehen und Traumkarrieren in der zweiten Etage, Lottogewinne und materiellen Wohlstand im Parterre. Die Kundschaft erwartet prompte Lieferung und beste Bedienung, und natürlich den Reparaturservice für den Ernstfall. Wer so denkt, der ersetzt eigene Leistungen durch Anspruchsdenken. Wie lange läuft die Garantie auf eine zuverlässige Rendite meiner Investitionen? Wo, bitte, kann ich mein Recht auf Liebe, Zuwendung und Vitalität einklagen: beim Gesundheitsminister, beim Arbeitsamt oder beim nächsten Bischof?

Leider(?!) führt das Warten auf das große Wunder nicht zum erwarteten Erfolg. Denn die chronischen Kopfschmerzen lösen sich keineswegs bei Nacht und Nebel auf; nirgendwo ist jemand in Sicht, der mit der Beförderung in den Aufsichtsrat von Mercedes winkt, und selbst die Wallfahrt nach Altötting bringt auf Dauer keine Veränderung der Lebenslage. Trotzdem beharren viele Menschen darauf, daß Heilung, Wohlstand und Glückseligkeit auf diese Weise ins Haus kommen müssen. Hier sammelt sich tagtäglich aufs neue eine innere Spannung an, die schnell zum Sprengstoff wird und sich ebenso heftig wie zuverlässig entlädt. Das Hadern mit dem eigenen Schicksal produziert psychosomatische Zeitbomben.

Die Richtung der Detonationen ist unterschiedlich: Manchmal „geht der Schuß nach hinten los", die aufgestaute Aggressivität beschädigt den leidenden Menschen selbst. Dann nehmen die Depressionen, allergischen Reaktionen und Schmerzen noch weiter zu; und das Ausmaß der Beschwerden macht besonders deutlich, mit welcher Kraft da jemand gegen die eigene Persönlichkeit kämpft. Andere Leute explodieren dagegen mit aggressiver Wucht nach außen, weil sie den Druck ihrer Probleme, Sorgen und Nöte nicht aushalten können.

Aber nicht nur diejenigen kommen ins Grübeln, die mit ihren persönlichen Schwierigkeiten schlecht fertig werden. Angesichts von weltweiten Katastrophen und Ungerechtigkeiten zweifelt man schnell an der Logik von Glück und Unglück. Denn Kriege, Hungersnöte und Armut in vielen Ländern der Erde konfrontieren auf grausame Weise mit der Sinnfrage. Wer hat denn überhaupt ein Recht auf sicheren Wohlstand und sattes Wohlbefinden – und wer nicht?

Die tägliche Fernsehkost signalisiert es denn auch in bewegten und bewegenden Bildern: Schlechte Nachrichten kommen am besten an, und daran herrscht bekanntlich kein Mangel. Sie zeigen uns vor allem eines: Mit großer Treffsicherheit landet die Menschheit immer wieder im nächsten Desaster. Solches passiert aber nicht nur im Weltmaßstab und draußen vor der Tür, sondern ebenso häufig in der privaten Welt des einzelnen. Die Aggressivität im menschlichen Zusammenleben ist allgegenwärtig.

Kein Wunder, daß bei der Suche nach den Gründen für das eigene Mißgeschick sehr schnell „die böse Welt" als Sündenbock ausgemacht wird. Und wenn das geschieht, dann entsteht rasch das Gefühl von persönlicher Ohnmacht – wie soll ich mich denn überhaupt gegen die mißgünstige Umwelt oder das grausame Schicksal behaupten? Wer sich schlecht fühlt, der läuft Gefahr, sich deswegen schlechtzumachen und damit keine Chancen mehr zu geben, aus eigener Kraft die verfahrene Lage zu verbessern.

Ab und zu gerät jeder von uns in ein solches Dilemma. Es gibt auch im ausgeglichensten Leben immer wieder Tage, an denen man mit den Schmerzen, den beruflichen Sorgen und anderen Unzulänglichkeiten des Alltags schlechter zurechtkommt als sonst. Manchmal schlägt einem die Ungerechtigkeit des Arbeitgebers „auf den Magen", die unvermeidliche „Midlife-crisis" führt zu melancholischen Grübeleien über den Sinn des Lebens. Vielleicht handelt es sich aber auch „nur" um ein seelisches Tief mit Konzentrationsstörungen und Schlaflosigkeit nach einem Streit mit dem Partner...

Sicher hat es wenig Sinn, solche Durststrecken des Wohlbefindens völlig vermeiden zu wollen. Es gibt eben kein perfektes Glück, das alle Zeiten überdauern könnte. Die genetischen, sozialen und ökologischen Grenzen engen schließlich jeden Menschen ein. Eine andere Überlegung ist wichtig: Wie sehr pflege oder mißhandele ich mich selbst im Rahmen meiner täglichen Möglichkeiten? Raube ich mir den Mut – oder vertraue ich mir? Wieviel Leid fügt man sich wohl selber zu? Wie viele Mißerfolge gehen auf das Konto von Versagensängsten und Selbstzweifeln?

Dieses Buch möchte dabei helfen, die eigene Welt zu verbessern – und auf diese Weise auch zur Gestaltung einer „humaneren Zivilisation" beitragen. Nicht so sehr durch die Ermunterung zur revolutionären Veränderung der Umgebung, als zu einer evolutionären Verbesserung der Beziehung zu sich selbst. Es geht also um die Verschmutzung der Innenwelt, die Pflege der Persönlichkeit und den aufrechten Gang durchs Leben. Das ist jedoch keine Aufforderung zur Flucht aus der Wirklichkeit des Alltags, im Gegenteil: Die bewußte Beschäftigung mit dem „Ich" schließt die Beziehungen zur Umwelt ein. Sie schärft den Realitätssinn und fördert das soziale Engagement; so jedenfalls meine Hoffnung und die therapeutische Absicht. Der Weg, den ich dabei einschlagen möchte, vollzieht sich in drei Etappen, die den Gedankengang in jedem der vier Teile dieses Buches bestimmen – wenn auch jedes Mal unter einem anderen Blickwinkel.

Die erste Frage ist rein rhetorisch: „Wie heißt mein ärgster Widersacher?" Wer an sich und seinen Fähigkeiten zweifelt, der hat da nur eine klare Antwort. Er erlebt die eigene Persönlichkeit als den ärgsten Feind auf Erden – und leidet darunter, daß daran anscheinend auch nichts mehr zu ändern ist. Die Versagensängste und Unsicherheiten bekommen im Lauf der Jahre ihren festen Platz im Gruselkabinett des angeschlagenen Selbstbewußtseins. Jemand glaubt ganz sicher daran, kein großer Redner, ein schlechter Liebhaber oder völlig unmusikalisch zu sein, und behandelt sich entsprechend. So entstehen die Zerrbilder des krankhaften Daseins, in deren Korsett der lebendige Mensch erstarrt.

Die zweite Frage ist eher mephistophelisch: „Wie mache ich mir tagtäglich das Leben (am besten und geschicktesten) zur Hölle?" Natürlich gibt es nur wenige Menschen, die mit voller Absicht das Schlechteste aus ihren besten Chancen machen; niemand will es, aber es geschieht immer wieder und ständig weiter. Jemand nimmt sich etwa vor, ab heute alle Briefe schneller zu beantworten oder weniger Bier zu trinken. Aber der Tag vergeht auf die gewohnte Weise, die Post bleibt liegen, und der große Durst wird wie gewohnt gelöscht. Der Betreffende trainiert vor allem, sich selbst zu kränken, und wendet die nötigen Methoden mit großer Beharrlichkeit an. Das praktische Ergebnis ist eine fortlaufende, qualifizierte Selbstbeschädigung.

Die dritte Frage schließlich ist ketzerisch: „Wie finde ich denn den Himmel auf Erden?" Hier sind Antworten sehr schwer zu geben, denn die Vorbehalte gegen solche Überlegungen kommen gleich aus zwei Lagern. Zum einen aus der Umwelt. Sie sieht allzuviel Selbständigkeit in bezug auf Zukunftsperspektiven nicht sehr gerne, und zwar sowohl aus theologischen wie aus politischen oder pädagogischen Gründen. Man stelle sich nur vor, jeder würde sein Schicksal in die Hand nehmen, statt an seinem vorgesehenen Platz zu verharren! Wo kämen wir dann hin? Proteste regen sich allerdings auch im eigenen Inneren. Denn die angestammten Selbstzweifel wollen ihren großen Einfluß auf die Persönlichkeit nicht verlieren; sie haben es lieber, wenn die erlernte Hilflosigkeit bestehen bleibt. Es gibt also nur Schleichwege zum gesunden Selbstbewußsein.

Viele Menschen denken erst dann über die Pflege ihres Wohlbefindens nach, wenn es ihnen schlechtgeht. Es ist ja auch so üblich, die eingefahrenen Geleise von Vorurteilen und Gewohnheiten nicht zu verlassen; selbst dann nicht, wenn der vertraute Alltag nur ein matter Abglanz der vorhandenen Möglichkeiten ist. Denn die eigene Entwicklung und die Entfaltung der Lebensqualität sind durch Ängste und Selbstzweifel begrenzt. Und wenn nichts dagegen geschieht, dann bleibt eben alles beim alten.

Dieses Buch möchte Sie darin bestärken, ihre vitalen Lebenschancen zu pflegen. Es bietet Ihnen vier Zugänge zu einer Veränderung des Alltags an.

Aber was immer Sie daraus machen, es ist Ihr gutes

Recht, genau das zu tun. Niemand kann Ihnen tatsächlich vorschreiben, wie gut oder schlecht Sie von sich denken – es kann aber auch keiner an Ihrer Stelle glücklich leben.

Es sei denn, Sie tun es selbst.

I. Wie sieht mein schlimmster Gegner aus? Oder: Mein Feind bin ich!

1. Die Konzentration auf persönliche Schwächen

Manche Menschen werden schon beim Erwachen von den ersten Sorgen geplagt. In der Phantasie durchleiden sie nämlich (im voraus) all jene Ereignisse, deren Auftreten sie für die nächsten Stunden besonders befürchten. Das kann die Konfrontation mit dem zu erledigenden Aktenberg sein, der trotz aller täglichen Mühe nur langsam schrumpfen will. Oder es droht die Besprechung mit dem Abteilungsleiter über die fällige Urlaubsplanung; das wird, wie in jedem Jahr, ein sehr unangenehmes Tauziehen werden. Und ganz besonders unerfreulich ist heute sicher der Termin beim Zahnarzt, beim Steuerberater oder beim Prüfungsamt...

Man glaubt eben, vorher ganz genau zu wissen, wie schmerzhaft der Bohrer wüten, wie horrend die Steuernachzahlung ausfallen oder wie blamabel das Prüfungsergebnis sein wird – und malt sich darum in Gedanken das kommende Mißgeschick bis in die kleinsten Einzelheiten aus. Die geübten Schwarzseher lassen sich auch durch gute Erfahrungen nicht aus ihrem schlechten Konzept bringen. Sie geben selbst dann ihre morgendlichen Angstvisionen kaum auf, wenn sich herausstellt, daß alles nur halb so schlimm und keineswegs so katastrophal wie erwartet verlaufen ist. Und für manchen von uns sind solche negativen Gedanken ebenso selbstverständlich geworden wie das Läuten des Weckers.

Wer derart mit sich umgeht, der entwirft einen seelischen Wetterbericht, in dem es von Tiefdruckgebieten, von Gewitterfronten und Frosteinbrüchen nur so wimmelt. Doch warum ist das so? Reicht es nicht aus, sich erst dann zu ärgern, wenn ein Mißgeschick auch tatsächlich passiert ist? Weshalb sollte jemand seiner nächsten Zukunft mit so deutlichem Mißtrauen begegnen? Die Antwort ist ebenso unerfreulich wie einfach: Weil er von seiner Person und deren Lebenschancen zu wenig hält. Und von einer solchen Erwartung auf den Mißerfolg geprägt, hält er in den folgenden Stunden Ausschau nach Beweisen für die Richtigkeit des negativen Urteils.

Dabei bietet jeder Tag gute (und häufige) Gelegenheiten, um an sich herumzumäkeln. Der eigene Körper, der Verstand, die Gefühle und das Zusammenleben mit anderen Menschen können zu beständigen Quellen für mögliche Selbstzweifel werden. Vielleicht stört uns die gewichtsbedingte Kurzatmigkeit, die das Leistungsvermögen empfindlich begrenzt; oder es belasten die Gedächtnislücken, die scheinbar das Nachlassen der geistigen Fähigkeiten beweisen. Jeder hat seine Lieblingsprobleme, vor denen es ihm besonders graust; sozusagen eine „Hitliste" des persönlichen Versagens, der die volle Aufmerksamkeit gilt.

Diese Schwierigkeiten müssen nicht „weltbewegend" sein, um als Belastung empfunden zu werden und die Laune zu verderben. So manchen stören seine Schwierigkeiten, die liegengebliebene Post (endlich) zu erledigen oder die rechte Freude am samstäglichen Unkrautjäten zu entwickeln. Man zermartert sich vielleicht das Hirn, um auf den Lieblingssänger des Geschäftsfreunds zu kommen – war es nun der „Carringo", der „Domingotti" oder der „Pavareras"? Dabei handelt es sich aber weder um Placido Domingo noch um José Carreras oder Luciano Pavarotti, sondern um Michael Jackson, und die sorgfältig ausgesuchte Platte zum Geburtstag verfehlt völlig ihren Zweck. Welcher Ärger, und so typisch für die eigene Vergeßlichkeit!

Wenn Fehler und Schwächen nur gelegentlich auftreten, dann sind sie recht gut zu verkraften. Doch im Wiederholungsfall sieht das Problem nicht mehr so harmlos aus. Angesichts der erlebten Schwäche stellt man sich beunruhigende Fragen: „Was ist nur mit meiner Kondition los, daß ich schon so schnell schlappmache?" – „Warum fällt mir der Name dieses Schriftstellers nicht ein? Früher konnte ich mich an alles gut erinnern." – „Warum habe ich diese Verhandlungssituation nicht so souverän im Griff wie sonst?" Wer sich körperlich unwohl fühlt, wer beruflich oder zwischenmenschlich in eine Krise gerät, der reagiert darauf mit Unsicherheit und Mißtrauen.

Sein Interesse richtet sich auf die mögliche Quelle des Unbehagens, und er sucht den Grund fürs Unwohlsein allmählich bei sich selbst. Alles das, was jetzt so schwierig geworden ist, das hat doch bisher keine Schwierigkeiten gemacht; warum jetzt dieses Versagen, das ist doch nicht normal? Jeder hat eine solche Beunruhigung wohl schon einmal erlebt, denn niemand ist in allen Lebensbereichen völlig fehlerlos. Irgendwann werden die Grenzen schmerzlich bewußt, was üblicherweise nicht zur weisen Selbstbeschränkung, sondern zu Selbstzweifeln führt. Es ist belastend, daß kein Verlaß mehr auf Muskelkraft und Charme, auf das Talent zum finanziellen Improvisieren oder auf die körperlichen Energiereserven zu sein scheint.

Wenn solche Erfahrungen öfter wiederkehren, dann erschüttern sie zunehmend das Vertrauen in die eigene Leistungsfähigkeit. Der Betreffende gerät innerlich ins Schwanken. Er glaubt, keinen festen Boden mehr unter den Füßen zu haben, und erlebt nicht selten einen Anfall von psychogenem Schwindel. Dann wird nach Indizien und Gründen für das persönliche Versagen gesucht. Warum hapert es mit dem Gedächtnis, warum streiken die inneren Organe, warum sehen mich die Leute nur so kritisch an? Die Aufmerksamkeit konzentriert sich mehr und mehr auf die Erforschung der möglichen Ursachen des Unbehagens.

Das muß so sein, denn unser nervöses Alarmsystem wird immer aktiv, wenn eine Bedrohung der Sicherheit bestehen könnte – ein lebenserhaltender Reflex. In einem solchen Fall entfaltet das natürliche Sicherheitssystem rege Aktivitäten. Mit Hilfe aller Sinne forscht es bei jedem

Alarm nach Indizien dafür, wie gefährlich die Situation ist, und ob ihr Auftreten erneut zu befürchten wäre. Der nervöse Werksschutz von Körper, Geist und Gefühlen registriert zwangsläufig alle eventuellen Gefahrenmomente, um für zukünftige Bedrohungen besser gerüstet zu sein.

Jede Ungewißheit ist schwer zu ertragen, weil sie zur (möglicherweise gefährlichen) Untätigkeit verdammt. Deshalb müssen wir Ordnung schaffen, sobald die gewohnten Lebensumstände empfindlich gestört erscheinen. Das gilt nicht nur für unsere biologisch-ökologischen Feinde, wie Viren, Bakterien oder Unwetter. Dank dieser Automatik hat jeder von uns bis heute die vielfältigsten Risiken des Alltags überlebt; von der heißen Herdplatte über den bissigen Hofhund bis zum jähzornigen Nachbarn. Das Standardprogramm der persönlichen Absicherung durchforstet also viele Zusammenhänge, und zwar Tag und Nacht, ein Leben lang.

Das gilt etwa für die zwischenmenschliche Sicherheit: Gibt es gleich Ärger mit dem Chef, weil er schon so mürrisch aussieht? Manchmal geht es um die Einschränkung der Leistungsfähigkeit: Schmerzt der Rücken so wie gestern, wenn ich mich jetzt bücke, um den Eimer hochzuheben? Vielleicht wird auch nachgeprüft, ob und wie zwei Ereignisse zusammenhängen könnten: Wenn ich diese Tafel Schokolade esse, tritt dann die Migräne wieder auf? Nicht selten geht es um die Rechtfertigung und Zielrichtung der eigenen Aggressionen: Über ein so unfaires Foulspiel des Fußballgegners muß man sich doch einfach aufregen!

Treten unangenehme Pannen und Pleiten wiederholt auf, dann wird nicht mehr nur die äußerliche Bedrohung als Quelle des Unbehagens ausgemacht. Man beginnt vielmehr, das Versagen der eigenen Person als hauptsächliche Ursache des Mißgeschicks zu erleben. Das trifft auch für jene Menschen zu, die scheinbar immer nur die anderen Leute für alles verantwortlich machen wollen. Doch wer mit Gott und der Welt wegen seines Mißgeschicks hadert und überall nach Sündenböcken für die verfahrene Situation sucht, der greift zu solchen Anklagen, weil er der eigenen Persönlichkeit keine positiven Leistungen mehr zutraut.

Wird dieser Verdacht nicht beseitigt, sondern durch Erfahrungen immer weiter genährt, dann entsteht allmählich ein immer negativeres Bild von der eigenen Person. Und es kommt häufig vor, daß die Umwelt versucht, Schuldgefühle zu erzeugen und das Wertbewußtsein zu beschädigen. Offensichtlich, so sagt sich der Betreffende, habe ich „versagt", und dieses Gefühl schürt sofort die Angst vor weiteren Mißerfolgen: Werde ich mich heute am Telefon wieder so unbeholfen anstellen? Kann man sich wenigstens am nächsten Montag auf mich verlassen, oder bin ich für die Mannschaft nur noch eine unnütze Belastung? Verderbe ich mit meiner traurigen Stimmung nicht allen anderen den Spaß an der Familienfeier?

Je länger die Selbstzweifel anhalten, um so umfassender sucht die Wahrnehmung nach möglichen Hinweisen von weiterem Versagen und neuen Unzulänglichkeiten – und ignoriert im gleichen Zug alle anfallenden positiven Informationen. In diesem Fall wirkt sich eine wichtige Eigenschaft des Menschen nachteilig aus; nämlich die Tendenz, bereits aus Bruchstücken von Informationen ein vollständiges Bild zu konstruieren. Das geschieht in der Absicht, besonders gut über alles informiert zu sein, was wichtig erscheint: über die eigene Krankheit, die spürbare Unverschämtheit der Nachbarin, den Mißerfolg bei den Vorstandswahlen.

Dabei ist es relativ unwichtig, ob andere Menschen in dieser Frage ähnlich denken. Ausschlaggebend ist hier der subjektive Wertmaßstab, der angelegt wird. Das, was ich für wichtig halte, das nehme ich auch genauer unter die Lupe und verstärke damit die Bedeutung, die das Thema für mich hat. Dieses Zusammenspiel von Wahrnehmen, Denken und Fühlen war bereits für unsere Vorfahren von überlebenswichtiger Bedeutung. Die vorprogrammierte

Alarmreaktion erlaubte ihnen, die Nähe eines Feindes bereits dann zu wittern, wenn nur wenige Hinweise für dessen Anwesenheit sprachen.

Mancher Spaziergänger hat in der Abenddämmerung schon Ähnliches erlebt. Der Schatten eines Busches weckt das Mißtrauen, und man spannt sich unwillkürlich innerlich an. Das Herz schlägt schneller, der Blick wird unsteter, und unter den Achseln bildet sich Schweiß. „Dort könnte immerhin ein Strauchdieb versteckt sein", sagt eine innere Stimme, „also flüchte lieber und bringe dich rechtzeitig in Sicherheit!" Und man beeilt sich, von dort fortzukommen, nicht ohne immer wieder beunruhigt zurückzuschauen. Hier wird auf Verdacht reagiert; auf der Grundlage eines Vor-Urteils, und ohne dessen Richtigkeit weiter zu überprüfen.

Man trifft in allen Lebensbereichen auf solche vorgefaßten Beurteilungen, an denen nicht gezweifelt wird, weil sie den Betreffenden so selbstverständlich erscheinen. „Alle" Zigeuner sind unehrlich, „alle" Millionäre glücklich und „alle" Schwäne weiß... Jeder ist gezwungen, an viele Fragen des Lebens zuerst(!) mit einer vorgefaßten Meinung heranzugehen, weil er einfach nicht genug über alles wissen kann und trotzdem eine Orientierung braucht. Aber wer seinen pauschalen Vorurteilen zu eifrig glaubt, der schadet nicht nur anderen, sondern vor allem sich selbst.

Denn im Fall von Selbstzweifeln würde er stets nach einer Bestätigung dafür suchen, daß seine vorgefaßte schlechte Meinung über sich richtig ist. Und natürlich ist das berühmte Haar in der Suppe auch zu finden, wenn man es nur zielstrebig genug sucht. Da ist vielleicht eine leichte Erschöpfung bei der Konferenz, ein unglücklich verlaufender Wortwechsel mit der Ehefrau, ein vergessener Termin. Alle diese Vorkommnisse untermauern stets aufs neue die deprimierende Gewißheit: Mit mir ist nicht mehr viel los, wer solche Fehler macht, ist auch sonst nicht mehr viel wert. Ich habe es ja gleich gewußt!

Und weil nicht sein kann, was nicht sein darf, geben die

grauen Filter der Wahrnehmungszensur dem Wohlbefinden im Alltag keine Chance mehr. Die Aufmerksamkeit richtet sich deshalb vor allem auf jene Schwachstellen, an denen jemand die mindere Qualität seiner Person ablesen will. Die Auswahl ist riesengroß: Das kann die schwäbische Aussprache ebenso sein wie die brüchigen Haarspitzen, die Gedächtnislücken bei Telefonnummern sind dann ebenso peinlich wie die Unbeholfenheit beim Tennis. Wer nicht in Senegal war, keinen Traumwagen besitzt oder im Monat zuwenig verdient, der hat beste Chancen, sich deswegen das Leben zur Hölle zu machen (sofern er es darauf anlegt).

Von Gut und Geld über die Körperform bis zur Frage nach Schuld und Sünde, das alles ist fürs schlechte Bild vom Ich bestens verwertbar – Hauptsache, die Betreffenden sind davon überzeugt und suchen eifrig nach Beweisen für ihr klägliches Versagen. Das gilt ganz besonders in der Beziehung zu anderen Menschen. Schließlich kann einen doch niemand lieben, wenn man sich selber haßt, und wer trotzdem Zuneigung zeigt, der wird eben nur heucheln. So bestätigen wir unsere Vorurteile über das Leben, über die Leute und vor allem über uns selbst. Und aus diesem Teufelskreis findet man manchmal nur schwer heraus.

Denn vorerst ist alles darauf ausgerichtet, die eigenen Überzeugungen zu bestätigen: Wie kann ich herausfinden, wie schlecht es mir eigentlich gehen könnte, sollte oder wird? Hier bietet sich ein Vergleich mit anderen an: Woran erkenne ich, ob ich wertloser bin als andere Menschen? Und wie kann ich jemanden finden, der mich mit meinen Fähigkeiten in den Schatten stellt? Nur Mut: In Fernsehserien, bei Sportwettkämpfen und im Freundeskreis ist mit wenig Mühe immer jemand zu entdecken, der Witze besser erzählen oder eleganter tanzen, geduldiger fischen oder aufregender flirten kann als man selbst.

Es ist keine Kunst, auf diese Weise über die eigenen Füße zu stolpern und zum Experten des Versagens zu werden. Man gewöhne sich nur an, von einzelnen Schwächen auf die Wertlosigkeit der ganzen Person hochzurechnen: „Weil ich nicht gut Schach spiele, bin ich geistig minderbemittelt!" – „Seit ich kurzatmiger geworden bin, kann ich meinem Körper überhaupt nichts mehr abverlangen!" – „Das schaffe ich sowieso nicht", sagt der Kopf bei der nächsten Bewährungsprobe, und ein mulmiges Gefühl läßt befürchten, daß die nächste Blamage bevorsteht. Daraufhin verhält sich der Betreffende so ungeschickt, daß er damit den Beweis für die Richtigkeit seiner Befürchtungen liefert.

Um Übung auf diesem Gebiet zu bekommen, fragen Sie sich am besten in vielen Situationen danach, woran Sie erkennen können, daß etwas mit Ihnen nicht in Ordnung ist – und legen Sie bei dieser Beurteilung immer einen absoluten Maßstab an! Etwa so: Ist in diesem Manuskript auch beschtimmt kain Rechtschreibfeeler zu finden? Sind alle Zuhörer restlos mit meinem Vortrag zufrieden gewesen? Bin ich bei jedermann im Stadtviertel beliebt? Habe ich für mein Gartenfest auch das geeignete Wetter ausgesucht? Je perfekter Sie solche Ansprüche formulieren, um so schneller landen Sie im Abseits!

Jeder entscheidet täglich neu, ob er die Aufmerksamkeit eher auf die eigenen Unzulänglichkeiten oder auf seine Stärken richtet. Wenn Sie es auf diesem Gebiet der persönlichen Abwertung zur Meisterschaft bringen wollen, dann bemühen Sie sich darum, täglich alle nur denkbaren Unannehmlichkeiten im Geiste vorauszusehen. Und am Ende eines Tages sollten Sie sich recht lebhaft an jeden Mißerfolg der letzten Stunden erinnern, damit Sie nicht etwa auf die Idee kommen, Ihr Leben könnte eine positive Entwicklung nehmen...

2. Die Übersteigerung der Empfindlichkeit

Man hört sehr oft, die Menschen sollten nicht wie die „Elefanten im Porzellanladen" durch den Alltag trampeln. Zwar tut man bei diesem Vergleich dem Dickhäuter bitteres Unrecht an. Denn er ist überaus empfindsam und keineswegs grob; ebenso wie das Flußpferd, dem gleichfalls eine „dicke Haut" und damit mangelnde Feinfühligkeit nachgesagt wird. Doch das zoologische Bild von der Tolpatschigkeit hat sich eingebürgert und meint: Erst eine ausreichende Sensibilität befähigt die Person, intensiv zu leben – wer dagegen gefühlsarm durch sein Dasein geht, der vegetiert bloß dahin.

Kunst und Musik, Zärtlichkeit und Erotik wären ebenso wie Essen und Trinken recht fade ohne die Fähigkeit zum Genuß. Ohne empfindsam geschärfte Sinne wird im Leben vieles „sinn"los. Man braucht diese feinen „Antennen" – und sie müssen nicht nur richtig ausgerichtet, sondern für die betreffenden Signale auch empfänglich genug sein: etwa eine „gute Nase" für Gerüche, aber auch für günstige Gelegenheiten; offene Ohren für andere Menschen und Hellhörigkeit im Zusammenleben. Manche Situation am Arbeitsplatz und in der Beziehung verlangt einen ebenso scharfen wie klaren Blick. Viel Einfühlungsvermögen und ein „geschicktes Händchen" sind nötig, wenn es um die Lösung von „delikaten" Problemen geht.

Aber – wie empfindlich darf, wie sensibel muß man sein? Was läßt sich aushalten und ist gerade noch zumutbar? Alles, so die alte Weisheit, ist Gift. Es kommt bekanntlich auf die Dosis an, ob daraus Segen oder Schaden entsteht. Diese Erkenntnis gilt keineswegs nur auf ökolo-

25

gisch-materiellem Gebiet; also für Medikamente und Chemikalien, für Schadstoffe in der Atemluft und in Lebensmitteln, oder für den Konsum von Nikotin und Alkohol. Im Alltag gibt es viele weitere Reize, die sich angenehm oder unerträglich auswirken können. Man erinnere sich nur daran, wie unterschiedlich wir auf das Mitteilungsbedürfnis anderer Menschen reagieren.

Das angeregte und lebhafte Gespräch zwischen Leuten, die sich „etwas zu sagen haben", gilt als wertvolles Erlebnis. Die Geschwätzigkeit, mit der manche Zeitgenossen ihre Umgebung quälen, wirkt dagegen wie ein akustischer Alptraum. Hier wie dort wird zwar viel geredet, aber die Auswirkungen der Sprachflut auf das eigene Wohlbefinden und das Toleranzvermögen sind in beiden Fällen vollkommen entgegengesetzt. Offensichtlich kommen wir mit einem bestimmten Verhalten manchmal sehr gut zurecht, während uns in einer ähnlichen Situation bei anderen Personen sehr schnell „die Galle hochkommt".

So beim Anblick des scheinbar blasierten Grinsens, mit dem der Schuhverkäufer durch den Laden stolziert. Er will damit wahrscheinlich seine Überlegenheit in Geschmacksfragen zur Schau stellen – oder etwa nicht? Auch die nüchterne Art, mit der ein Bankbeamter die roten Zahlen auf dem Konto diskutiert, bringt einen gehörig „auf die Palme". Denn daran kann man doch wohl erkennen, wie wenig ihn das finanzielle Schicksal seiner Kunden interessiert – oder etwa nicht? Es bleibt zwar weitgehend unklar, ob der Verdacht überhaupt begründet ist. Aber die eigene Empfindlichkeit verdichtet die vagen Tendenzen zu feststehenden Tatsachen.

Das betrifft auch die Signale, die wir von uns selbst, also durch den Organismus, den Verstand oder die Gefühle, empfangen. Beispielsweise als Atemnot beim Treppensteigen oder als Herzklopfen vor einer wichtigen Verabredung. Doch wie aufmunternd, belastend oder unbedeutend diese Botschaften wirken, das hängt vor allem von der Aufmerksamkeit ab, die wir ihrer Bedeutung schenken – und zwar sowohl nach innen wie nach außen. Man denke nur an die Beklemmung, die beim Gedanken an einen seit Wochen unbeantworteten Brief entsteht. Das Gleiche gilt auch für die düsteren Ahnungen, die mit dem sirrenden Geräusch des Zahnarztbohrers verbunden sind.

Jeder kennt schwache Stellen, die ihn an sich selbst oder an seiner Umgebung stören. Dazu kann alles gehören, was am eigenen Leben bemängelt wird: die häßliche Schuppenflechte, die „wenig standesgemäße" Herkunft, das Monatsgehalt der Schwägerin oder der körperbehinderte Enkel... Doch das, was jemand partout nicht wahrhaben will, das läßt sich nicht einfach (und ungestraft) verdrängen. Auch dann nicht, wenn man versucht, das Problem aus dem Bewußtsein zu löschen oder andere dazu zu bringen, das leidige Thema nicht anzusprechen. Nur zu bekannt ist der Brauch, in manchen Familien alle unliebsamen Konflikte „unter den Teppich zu kehren".

„Was ich nicht weiß, das macht mich nicht heiß", so lautet hier die Gleichung, die nicht aufgeht. Man verschweigt also einfach den Streit zwischen den Eltern, die eigene Beziehungskrise und seine beruflichen Sorgen – und glaubt, damit das Problem aus der Welt geschafft zu haben. Die äußerliche Ruhe ist aber nur künstlich, und der erzwungene Friede bleibt darum trügerisch. Der Intellekt bemüht sich zwar darum, das vorhandene Ärgernis zu ignorieren. Jemand redet darüber, geschäftlichen Erfolg zu haben, und hört sich dabei so begeistert zu, daß er von den eigenen Argumenten überzeugt ist (obwohl er kurz vor der Pleite steht).

Aber die Gefühle machen dieses Täuschungsmanöver nicht mit. Sie werden im Gegenteil immer empfindlicher, je mehr wir versuchen, den vorhandenen Schwierigkeiten aus dem Weg zu gehen. Gerade das, was verdrängt werden soll, macht uns nämlich besonders sensibel und gereizt. Ein unliebsames Thema wird aus Versehen angesprochen („Hat jemand mal wieder was von Onkel Ha..."), und alle Familienmitglieder sind „peinlich" berührt. Selbst minimale Hinweise sprechen die dazugehörenden Emotionen an, weil die Empfindsamkeit der inneren Antennen so geschärft ist. Etwa bei bestimmten Veränderungen im Gesicht eines Partners („Du brauchst gar nichts zu sagen, ich weiß schon, was du willst!").

Es ist eigentlich nicht erstaunlich, daß unsere Gefühle so stark reagieren und dem Verstand im Zweifel überlegen sind. Denn alles, was jemals im Lauf der Lebensgeschichte von Bedeutung war, ist mitsamt der Erinnerung an die dazugehörigen Umstände abgespeichert worden. Das gilt besonders für durchlittene Krisen und Niederlagen. Der Katalog dieser Erfahrungen ist umfangreich und emotionsträchtig: die erste Liebe (und ihre ohnmächtigen Schmerzen), der Verlust eines nahestehenden Menschen (und die plötzliche Leere), die erfolglosen Versuche der Selbstbehauptung (und die dazugehörige Kälte des Abgewiesenwerdens).

Jedes Mißgeschick wurde zugleich mit jenen Hinweisen abgespeichert, die vor einer möglichen Wiederholung warnen: „Wenn jemand die Augenbrauen hochzieht, dann sieh dich vor. Du könntest kritisiert werden wie von deiner Mutter!" Wer sich gedanklich immer wieder auf genau diesen Schlüsselreiz einstellt, der ist innerlich bestens auf die entsprechende Situation vorbereitet. Es ist wie bei einer bekannten Ouvertüre; nach den ersten Klängen ist bereits die Stimmung der ganzen Oper präsent, und der Experte weiß, was auf ihn zukommen wird.

Deshalb lehnt man bestimmte Menschen intuitiv ab, ohne sie je zuvor gesehen zu haben, und ohne eigentlich das Geringste über sie zu wissen. Das emotionale Alarmprogramm aktiviert in solchen Fällen eine Gefahrenmeldung: „Diese Haltung, diese Stimme erinnert an jenen unangenehmen Sommerabend vor 20 Jahren, als ich meine Freundin küssen wollte und sie mich ausgelacht hat." Und weil die unbekannte Frau ein ähnliches Erscheinungsbild zeigt wie die abweisende Schönheit aus der Jugendzeit, wird eine Annäherung durch die emotionale Ablehnung verhindert. Es könnte ja eine erneute Enttäuschung drohen...

Damit wir auch spüren, wie ernst die Lage ist, entsteht eine Streßreaktion, die zu deutlichem körperlichen Unwohlsein führt. Das Herz rast, der Atem wird unruhig, und die Adern an den Schläfen pochen. Diese Reaktion ist so durchschlagend, weil die Abwehr einer möglichen Störung Vorfahrt im Denken, Erleben und Verhalten hat. Ganz gleich, ob es um Beziehungen, um Krankheiten oder Lebensziele geht: Alle Sinne tasten sich mit großer Feinfühligkeit durch das eigene Innenleben und die Umgebung, um die ersten Vorboten eines erwarteten Ärgernisses nicht zu verpassen.

Sobald dann die ersten Hinweise auf einen abfälligen Blick des Arbeitskollegen oder auf eine Verspannung der Nackenmuskeln registriert werden, startet das emotionale Alarmprogramm (Vorsicht, Intrige droht! – Achtung, Kopfschmerz kommt!). Mit der Zeit und geprägt durch negative Erfahrungen reicht ein Reiz bereits in kleiner Dosierung als Warnung aus, und dann ärgert einen schon die berühmte „Fliege an der Wand". Darum brauchen gut aufeinander eingespielte Partner auch nur wenige Sekunden, um einen handfesten Krach miteinander zu bekommen. Und es genügt bereits ein leichtes Muskelzucken in der linken Schulter, um bei einem erfahrenen Patienten starke Schmerzgefühle hervorzurufen.

Ist die eigene Empfindlichkeit erst einmal auf negative Wahrnehmungen eingestellt, dann macht sie auch vor Informationsverfälschungen nicht halt. Im Zweifel, so die erregte Vermutung, steht Schlimmes zu befürchten. Da wird dann das eher verlegene Lächeln eines Gesprächspartners als sichtbarer Beweis für eine bösartig gemeinte Herabsetzung mißdeutet: Und schon hat das Gefühl des Unbehagens einen Grund, um aufzutreten und sich zügig zu verstärken. Die Folge ist eine Zunahme an Aggressivität – was bleibt denn anderes übrig, als sich vor den Angriffen durch seine Mitmenschen zu schützen?

Im Umgang mit der Umwelt kommt es auch zu anderen Folgereaktionen, die die bedrückende Überempfindlichkeit regelrecht zur Schau stellen. Dies geschieht zwar selten bewußt und ist auch nicht hysterischer Natur, obwohl es für die Außenstehenden manchmal so aussieht. Denn hier wird das eigene Unwohlsein sehr demonstrativ mitgeteilt: „Ihr versteht mich nicht!" – „Ich komme zu kurz!" – „Wo bleibt die Bewunderung?" Wenn der Empfänger genügend Gelassenheit und Einfühlungsvermögen besitzt, dann versteht er die Notsignale. Meistens aber erleben die Mitmenschen solche Verhaltensweisen ihrerseits als Angriff und reagieren entsprechend feindselig.

Häufen sich solche Erfahrungen, dann gehen sie im wahrsten Sinne des Wortes immer stärker auf die Nerven. Die geringste Kleinigkeit bekommt nach ihrem wiederholtem Auftreten einen so bedrohlichen Stellenwert, daß die seelische Feuerwehr schon beim Entzünden eines Streichholzes alarmiert wird. Das Befinden wird immer mehr in Mitleidenschaft gezogen, weil die Aufmerksamkeit immer weitere Störfelder ausmacht, ohne daß sich die objektiven Verhältnisse deswegen geändert haben müssen. Sitzen die Verspannungen bei der Bildschirmarbeit zuerst nur im Nacken, dann breiten sich die Mißempfindungen auf die Schulter aus, um schließlich den ganzen Rücken zu beeinträchtigen.

Das Unwohlsein bezieht allmählich auch die Umgebung ein. Der Sitzplatz wirkt fußkalt und hart, die Klimaanlage zu zugig, das Arbeitslicht zu grell. Man glaubt den Ärger, den Streß oder die Schmerzen nicht länger aushalten zu können. Die subjektive Belastbarkeit sinkt also zunehmend ab, und die so entstandene Überempfindlichkeit generalisiert sich. Sie bewertet also immer häufiger immer mehr Dinge des Lebens als unerträglich, obwohl die eigene Gesundheit mit den Belastungen durchaus fertig wird. Was vielleicht als Leistungskrise nach einem Unfall begann, das weitet sich so zur imaginären Unfähigkeit in (fast) allen Lebenslagen aus.

Solche Prozesse der Selbstlähmung spielen sich häufig ab, sobald ein Mensch aus seinen gewohnten Bahnen geworfen wird. Etwa dann, wenn mit dem erreichten Ruhestand der bisherige Lebenssinn verlorengeht. Dann traut sich der Betreffende ganz allgemein zu wenig zu und glaubt, durch ein längeres Gespräch, durch die Lektüre eines anspruchsvollen Buches oder das Lösen eines Kreuzworträtsels an den Rand der zumutbaren Erschöpfung zu geraten. Und weil er sich so sehr darauf konzentriert, ja nicht zu „versagen", verkrampft er sich natürlich so stark, daß sein Vorhaben prompt mißlingt.

Das vegetative Nervensystem, das für das Streßerleben zuständig ist, ruft zudem jene beweiskräftigen Körperreaktionen (wie Kurzatmigkeit, Schweiß oder Hitzewallungen) hervor, die endgültig das Ende des Erträglichen signalisieren. Diese Symptome haben ursprünglich den wichtigen Zweck, die Sensibilität der Wahrnehmung für die Entdeckung von Gefahrenherden zu stärken. Jetzt allerdings dienen die psychosomatischen Reaktionen dazu, die Ausweglosigkeit der eigenen Lage lebhaft zu dramatisieren und damit weiter festzuschreiben – und das Gefühl für die Annehmlichkeiten des Lebens zu blockieren.

Wenn ich nämlich damit ausgelastet bin, den bohrenden Schmerz, den entsetzlichen Streß und die Unverschämtheiten meiner Mitmenschen auszukosten, dann habe ich keine Antenne für die positiven Seiten des Lebens. Was sollen denn die Freuden, wo noch so viel Leid geschieht? So mancher wünscht sich zwar die eingangs erwähnte „dicke Haut des Elefanten", um gelassener durch den Alltag zu trotten. Doch er hat keine Zeit, eine ruhige Kugel zu schieben, denn er ist völlig damit ausgefüllt, sich von aller Welt und (vor allem!) von sich selbst überfordert zu fühlen.

Daraus läßt sich im übrigen eine Methode machen, die es erlaubt, alle möglichen Unzumutbarkeiten frühzeitig zu erfassen: Wie bekomme ich die ersten Anzeichen meiner scheußlichen Migräne noch schneller mit? Welcher bislang unauffällige Mitmensch kann mich vielleicht auch nicht leiden? Sollten Sie an der Klärung solcher Fragen interessiert sein, dann können Ihnen einige Übungen dabei helfen. Für den Anfang brauchen Sie eine möglichst umfassende Bestandsaufnahme des Unzumutbaren. Lassen Sie einfach Ihr Leben Revue passieren und notieren Sie sich alle nur denk–, vorstell– und erlebbaren Unannehmlichkeiten, die Ihnen dabei in den Sinn kommen.

Beginnen Sie dann, Ihre innere Abwehr dagegen zu trainieren, das heißt alles zu verdrängen, was Ihnen nicht gefällt. Streichen Sie dazu etwa den Begriff „Streit" aus Ihrem Wortschatz, und reden Sie sich ein, daß Sie ein äußerst friedliebender Mensch sind. Schärfen Sie aber zur gleichen Zeit Ihre Sinne, um bei anderen Menschen jedes kleinste Anzeichen von Unfreundlichkeit zu beobachten, besser noch: zu erahnen. Der Rest geht wie von selbst, denn es ist nur eine Frage der täglichen Übung, bis Sie in jedem Menschen Hinweise auf seine Feindseligkeit entdecken.

Sollten Sie allerdings zu jenen Leuten gehören, denen noch ein gesunder Rest an Belastbarkeit verblieben ist, dann quälen Sie sich am besten mit den „Grundfragen des Daseins": Warum ist mir der Rasen zu grün? Warum schaut mich der Nachrichtensprecher im Fernsehen so beleidigend an? Warum bin ich nicht so reich, wie der Tag lang ist? Mit ein wenig gutem Willen wird es Ihnen gelingen, immer wieder etwas zu entdecken, was Ihnen so unerträglich erscheint, daß Sie sich zu Recht vom Leben benachteiligt und bestraft fühlen.

3. Die Isolationsfolter des Körpers

„Attraktivität" und „Vitalität" sind zwei wichtige Faktoren, die das individuelle Wohlbefinden bestimmen. Flott, chic und dynamisch sollen (und wollen) viele wirken, und zwar auf sich selbst wie in den Augen ihrer Mitmenschen. Zur Steigerung dieses Zustands wird deshalb viel unternommen, und unter seiner Schmälerung leiden die meisten, die davon betroffen sind. Da schlägt die Stunde für alle diejenigen, die der Natur nachzuhelfen versprechen. Die Mode- und Kosmetikbranche lebt folglich sehr gut und weltweit davon, daß sie ganze Sortimente zur Korrektur der natürlichen Unvollkommenheiten vermarktet.

Unansehnlich zu sein (und vor allem, sich so zu fühlen), das ist eine starke Provokation des Selbstbewußtseins. So mancher macht nur deshalb eine Tugend aus seinem Defizit, um besser aushalten zu können, was sich scheinbar nicht mehr ändern läßt. Er greift dann zu einem jener klugen Sprüche, die versuchen, jede Einbuße an Ausstrahlung philosophisch zu vergolden. Etwa durch die Feststellung, daß es auf „Äußerlichkeiten" überhaupt nicht ankomme, sondern daß der „Charakter" das Entscheidende an einem Menschen sei. Man hört auch immer wieder, daß in einem gesunden Körper eventuell ein gesunder, dafür aber durchaus beschränkter Geist zu Hause sei.

Doch jeder möchte sich in seiner Haut wohlfühlen und (zumindest gelegentlich) mit seiner Erscheinung glänzen. Das hat einen natürlichen Grund. Denn nichts ist so direkt, so konkret und täglich spürbar wie alle organisch lokalisierbaren Mängel: die Ringe unter den Augen, die schlaffe Muskulatur, der dicke Bauch oder die nachlassende Potenz. Schon der morgendliche Blick in den Spiegel kann zur ersten Krise des Tages führen, die dann große Retouschierarbeiten mit Make-up und Garderobe zur Folge hat – oder die Stimmung für die nächsten Stunden gründlich verdirbt.

Doch nicht nur die grauen Schatten auf der Optik wirken sich bedrückend aus. Sehr unangenehm wird das Körpergefühl bei Einbrüchen der Leistungsfähigkeit, also den Verminderungen von Kraft, Gelenkigkeit und Kondition. Sie sind zwar nicht unbedingt äußerlich erkennbar, der Betreffende spürt aber die biologischen Grenzen, die seinem Leistungs- und Geltungswillen gesetzt sind; „die Luft geht aus", „der Kreislauf spielt nicht mehr mit" und „das Herz streikt". Auch die Anfälligkeit für Infektionen, die häufigen Schlafstörungen und die Zermürbung durch Streß, sie werden zu organisch ausgelebten seelischen Belastungen.

Nicht nur den ersten Fältchen und den grauen Haaren haftet etwas erschreckend Endgültiges an, sobald sie entdeckt werden. Vor allem die chronischen Krankheiten erscheinen als vernichtendes Urteil, das die Natur ohne Chancen auf Revision verkündet und am einzelnen vollstreckt. Wer an einem Diabetes leidet, von rheumatischen Beschwerden oder asthmatischen Anfällen geplagt wird, der fühlt sich schnell aus dem Kreis der glücklichen Menschen ausgeschlossen. Spätestens dann erlebt der Betroffene seinen Körper als Gefängnis, aus dem es kein Entkommen gibt, und zweifelt an der Gerechtigkeit des Schicksals.

Das Leiden unter einer (tatsächlichen oder vermeintlichen) Minderwertigkeit ist durchaus häufig anzutreffen. Denn schließlich gibt es mehrere Millionen Patienten, die von dauerhaften Beschwerden geplagt werden, ob es sich dabei um Kopfschmerzen, Allergien oder Gicht handelt. Und man kann sich gut vorstellen, daß die häufige Konfrontation mit den unangenehmen Symptomen das Lebensgefühl nicht gerade belebt. Doch neben solchen Belastungen gibt es im Alltag auch ein körperliches Unwohlsein, das nicht durch Krankheiten und Schäden, sondern durch die Ablehnung des eigenen Erscheinungsbildes bestimmt ist.

Da stört die Stärke der Beine, die Form des Busens und die Stellung der Augen. Die Halbglatze läßt an der Attraktivität zweifeln, und die ausgeprägte Nase scheint wie ein Kainsmal jede Beziehung zu verhindern. Wer sich nur wenig leiden kann, der sieht in dem organischen Makel den objektiven Beweis für den geringen Wert der eigenen Persönlichkeit. Die körperlichen Mängel beeinträchtigen deshalb den Seelenfrieden auch dann, wenn kein Fremder sie bemerkt – wie etwa die unbedeutende Pigmentstörung, die noch nicht einmal in der Sauna auffällt. Es reicht schließlich, wenn man selber weiß, wie häßlich der eigene Körper aussieht.

Kosmetische Hilfen können den schlechten Eindruck zwar oberflächlich mildern. Doch die dekorative Vortäuschung der heilen Haut ändert nur wenig am persönlichen Unwohlsein. Ganz im Gegenteil. Denn der Aufwand, der getrieben wird, verstärkt gleichzeitig (wenn auch ungewollt) das Gefühl der Ausweglosigkeit. Ohne fremde Hilfe, so klagt die innere Stimme, könnte doch jeder sehen, welchen endgültigen Schaden ich an mir habe. Der Schandfleck bleibt, ich werde ihn wohl nie wieder los.

„Ich bin eben nicht so wie die anderen", so lautet dann mit der Zeit die quälende Gewißheit. Da ist es nicht mehr weit bis zu dem Punkt, wo aufgrund der eigenen Unvollkommenheiten das persönliche Wertbewußtsein beschädigt wird. Wer sich auf Dauer unansehnlich fühlt oder an einer Behinderung leidet, der erlebt allmählich den eigenen Körper als seinen schlimmsten Gegner. Schließlich haben die häßlichen Ohren Schuld daran, daß bisher jedes Rendezvous zur Enttäuschung wurde... Und wenn dieses katastrophale Hüftgelenk nicht gewesen wäre, dann könnte ich heute der Star des Wiener Hofballetts sein!

Doch nicht nur Unfälle oder Behinderungen machen den Organismus zur biologischen Folterkammer, aus der es kein Entkommen gibt. Auch derjenige, der „nur" eine altersbedingte Konditions- und Belastungsminderung verspürt, kann permanent auf Kriegsfuß mit seinem Körper stehen. Dann nämlich, wenn er innerlich unter der Diktatur von Leistungszwängen und Kraftidealen steht – und darum nicht aushalten kann, daß sich dem Willen zur Leistung die natürlichen Grenzen entgegenstellen: Das muß ich immer noch schaffen können, das habe ich doch bisher „mit links" erledigt!

War nicht das ganze Leben vor drei Jahren noch viel schöner, als es beim Abfahrtslauf im Val d'Isère weder Konditionsschwächen noch Gelenkschmerzen gab? Und was soll die Zukunft denn noch bringen, wenn ich ein für allemal auf meinen Sport verzichten muß? Gerade in unserer Kultur ist dies ein besonderes Problem. Sie lebt vom Zwang zur Jugendlichkeit, vom makellosen Erscheinungsbild und der ungehemmten Produktivität. Und deshalb ist der Abwärtstrend der persönlichen Leistungskurve oft gleichbedeutend mit der Ausgrenzung ins Abseits: Das Paradies wird geschlossen, Zutritt für Menschen mit durchschnittlicher Austattung verboten!

Die Hintergründe solcher sozialen Repressalien haben (und machten) Geschichte. Denn Unansehnlichkeit und offenkundige Schwäche werden nicht nur in der modernen Leistungsgesellschaft als Nachteil empfunden. Das gute Aussehen, eine stattliche Erscheinung und beeindruckende Kraft sind zu vielen Zeiten gesuchte Austattungsmerkmale von Erfolgstypen gewesen. Die Elixiere zum Erhalt der ewigen Jugend gehören darum seit undenklichen Zeiten zu den Verkaufsschlagern der Wunderheiler und Scharlatane. Trotzdem und gerade deswegen muß auf eines verwiesen werden: Die Verehrung von Vitalität und Leistungskraft entspringt nicht immer der Begeisterung für das Leben und den Genuß.

Morbidität und zur Schau gestellte Vitalität widersprechen sich nicht; genauso, wie eine betonte Körperlichkeit nicht automatisch etwas mit Lebenslust zu tun hat. Die

Angst vor dem Ausschluß aus dem „Club der 150%ig Gesunden" wird zum Horrotrip, wenn die vertraute Vitalität nachzulassen beginnt – sobald also die andauernden Überstunden ihre Spuren hinterlassen, der Spaß am Akkord den schmerzhaften Abnutzungserscheinungen der Gelenke weicht. Hier steht das Selbstwertgefühl auf dem Spiel. Denn die hochgepeitschten Erwartungen an eine lebenslang aufwärts zeigende Fitneßkurve sind zugleich die Meßlatte für die Tauglichkeit der eigenen Person.

Die maximale Verfügbarkeit des Organismus gehört zu den Glaubenssätzen jedes Weltbilds, das die optimale Ausbeutung der Materie „anbetet". Ihm haben sich schon immer die Generäle und Gewaltherrscher verschrieben, die mit der Verwertbarkeit des „Menschenmaterials" rechneten. Doch auch der vielgerühmte „kleine Mann" lebt in der Konsumgesellschaft nach diesem Prinzip. Die industrielle Revolution und die Fortschritte der Automation haben an dieser Grundeinstellung nichts Wesentliches geändert. Denn wenn die Maschine das Individuum entlastet, dann wird das Verheizen der „Biomasse Mensch" eben auf andere Weise sichergestellt.

Der Streß am Kontrollmonitor ersetzt die Knochenarbeit am Hochofen, der Kampf ums Überleben ist auf die Autobahnen und Skipisten verlegt worden. Wer nicht mehr genügend bringt, der steigt in die schlechtere Qualitätsklasse ab. Wie schlimm für den, der sein Wertgefühl bislang vorwiegend nach der ungebrochenen Leistungsfähigkeit des Körpers bemessen hat – und irgendwann ebenso unvermeidlich wie endgültig den kürzeren ziehen muß! Die Angst vor dem endgültigen „Aus" weckt die Sehnsucht nach Stärkung der Vitalität, was den Umsatz vieler Unternehmen ankurbelt.

Es gibt eine ganze Menge davon, von den Bodybuilding-Studios über die Schönheitsfarmen bis zur profitorientierten Schlankheitssekte. Besonders vorteilhaft für das laufende Geschäft ist dabei die Tatsache, daß jemand mit einem emotionalen Defizit immer neue und stärkere Unterstützung braucht, ohne je wirklich zufrieden sein zu können. Wer auf Wundermittel hofft, statt sich selber zu vertrauen, der sprintet von Aerobic zum Stretching, wechselt von Fischöl zu Tofu und relaxt im Biosanarium statt im Samadhi-Tank. Die Käufer bleiben also lange bei der Stange, und jedes neue Angebot sichert neue Einkünfte.

Man muß nur die zugkräftigen Pferde rechtzeitig für den Auftritt im nächsten Modezirkus satteln oder den alten Hüten ein modernes Image verpassen. Denn, so glauben manche Kunden, nur das brandaktuelle Produkt ist auch das wirkungsvollste! Gerade ein Wundermittel braucht seinen zeitgemäßen Chic, und besonders im Bereich des körperlichen Leistungs-Stylings muß das vitale Outfit stimmen. Das gilt auch für die „gesundheitsbewußte" Lebensführung, die allen naturfeindlichen Trends der Leistungsgesellschaft so heilsam zu widerstehen scheint.

Schließlich werden Gifte (in Baustoffen und Lebensmitteln) gemieden und natürliche Gleichgewichte (durch mehr Entspannung und bessere Streßbewältigung) angestrebt... Doch auch hinter diesem Lebenskonzept kann sich eine Untergangsphilosophie verbergen. Das ist der Fall, wenn die Betreffenden mit verbissener Freudlosigkeit den Körper quälen, statt die Lust am Dasein zu pflegen. Sie bringen das Opfer der „naturliebenden Entsagung" als Spekulation auf Verschonung vom Übel: eine biovitale Rückversicherung gegen die normale Gebrechlichkeit, die häufig mit der dogmatischen Bekämpfung von Andersdenkenden verbunden ist.

In diesem Fall fungieren Müsli, Meditation und Naturfasern als Handwerkszeug einer ängstlichen Kasteiung – ein freudloses (und damit eigentlich widernatürliches) Ritual des Vitalitätsentzugs. Damit ist die Grenze zur permanenten Selbstbestrafung bald überschritten, wie es auch dem konsum- und streßträchtigen „Normalbürger" passiert: Der Kampf mit den Möglichkeiten und Grenzen der körperlichen Existenz schlägt irgendwann in Haß um. Dieses Gefühl richtet sich letztlich gegen den Organismus als

Ausdruck und dann Verschulder jeder beschränkten Lebensqualität.

Und je lebendiger der eigene Körper zugleich nach mehr Lebendigkeit giert (leisten und Lust empfinden will) und die Daseinsfreude zerstört (durch Krankheit und Versagen) – um so zwiespältiger und feindlicher lebt die Persönlichkeit in diesem Gehäuse; ein Abbruchunternehmen, in dem sich jemand wider Willen gefangen fühlt. Nicht umsonst toben sich so viele Konflikte und Überforderungen in Form von psychosomatischen Erkrankungen aus. Man findet das Leben nur noch „zum Kotzen", der Ärger schlägt „auf den Magen", und der Schreck „fährt in alle Glieder".

Von Kopf bis Fuß wird da zur Schau gestellt und ausgelebt, was unerträglich erscheint. Und da niemand aus seiner Haut heraus kann, wirkt der Organismus wie ein lebendiges Gefängnis, das den Zugang zur Welt der ungehemmten Vitalität versperrt – und zwar bis zum bitteren Ende, was etwa bei der „Anorexia nervosa" durchaus wörtlich und damit todernst gemeint ist. Der Verfall des Körpers ist dann lediglich das sichtbare Spiegelbild jenes Zersetzungsprozesses der Persönlichkeit, gegen den letztlich weder Verjüngungsspritzen noch Schönheitschirurgen oder Aufputschmittel helfen.

Wer seinen Körper als tägliche Last erleben möchte, der hat verschiedene Möglichkeiten, um dieses Ziel zu erreichen. Für den Anfänger empfiehlt sich ein intensives, aber einseitiges Überlastungsprogramm, das zudem durch die übliche Lebensweise leicht zu verwirklichen ist. Etwa in einer Kombination aus viel Streß, Bewegungsmangel, üppigem Essen, wenig Schlaf, reichlich Nikotin und Alkohol. Verhindern Sie dagegen jeden sportlichen Ausgleich, vor allem aber Entspannungsübungen, wohltuende Bäder, Saunagänge oder Zärtlichkeit. Bei täglicher Durchführung und großzügiger Dosierung der schädlichen Einflüsse dürfte es Ihnen schon bald schlechtergehen.

Der Fortgeschrittene wird sich in seinem Körper quälen, indem er jede Leistungsschwankung als Indiz für eine mög-

liche Erkrankung wertet. Empfehlenswert ist die regelmä-
ßige Lektüre von medizinischen Büchern (auch über
psychiatrische Leiden) sowie von populärwissenschaftli-
chen Aufsätzen, in denen unheilbare Krankheiten be-
schrieben werden. Nach häufiger Konsultation von Ärzten
der unterschiedlichsten Fachrichtungen sind Sie sicher in
der Lage, sich in Heimarbeit immer gründlicher selber zu
untersuchen. Ignorieren Sie aber dabei jeden Hinweis auf
intakte Funktionen!

Bald werden Sie begriffen haben, daß Ihnen nichts mehr
helfen kann, denn der Tod ist eines Tages mit Sicherheit
zu erwarten. Fühlen Sie sich trotz alledem noch körperlich
wohl, dann prüfen Sie sich täglich auf Herz und Nieren:
„Warum bin ich nur so unfähig, den Mount Everest im Al-
leingang ohne Sauerstoff zu besteigen?" – „Wie kann ich es
erreichen, in dreißig Jahren noch so attraktiv wie ein Teenager auszusehen?" – „Warum gewinne ich nicht die Nor-
dischen Skimeisterschaften oder zumindest den Davies
Cup im Tennis?" Vielleicht gelingt es Ihnen mit Hilfe
solch unsinniger Anforderungen, das erwünschte Unwohlsein doch noch zu erleben.

4. Wie kann ich mich besser verwirklichen?

Wer ist schon gerne(!) ganz allein auf sich gestellt – und vor allem: Wer glaubt, diesen Zustand auf Dauer ertragen zu können, ohne entscheidend an Lebensqualität einzubüßen? Hier wird nicht nur nach der Fähigkeit zum bloßen Überleben gefragt; also danach, wie sehr es jemand schafft, keinen grundsätzlichen Mangel zu erleiden. Es geht auch nicht darum, wie glaubwürdig dem Partner oder den Kollegen die eigene Unabhängigkeit demonstriert wird. Gemeint ist vielmehr, ob man befriedigend in der Lage ist, über sich selbst zu bestimmen – ohne deshalb unbedingt einsam und „von aller Welt verlassen" sein zu müssen.

Viele Menschen haben genau damit große Schwierigkeiten. Denn sie bewerten die Qualität ihrer Person weniger nach eigenen Maßstäben, sondern eher nach der Zu- oder Abwendung, die sie von anderen bekommen: „Mögen mich die Leute, dann geht es mir gut. Aber wenn man mich kritisiert, dann fühle ich mich miserabel." Hier hat das Selbstwertgefühl gelitten, das ja nicht so stark vom Urteil der Umwelt abhängig sein sollte. Niemand ist schließlich von Natur aus wertvoller als andere, obwohl mancher versucht, genau das behaupten, um sich selber aufzuwerten.

„Ungleichheit" ist sehr häufig das Ergebnis eines lebenslangen Erziehungs- und Manipulationsprozesses. Auf jeden Fall in bezug auf das eigene Gefühl, „künstlerisch oder kaufmännisch völlig unbegabt", „nicht zu Höherem berufen" oder „vom Glück weniger begünstigt worden" zu sein. Unsichere Persönlichkeiten haben starke Schuldgefühle und nehmen sich deshalb andauernd irgend etwas

41

übel. Sie reagieren empfindlich auf ihre Schwächen und auf das Verhalten anderer Menschen. Vor allem aber leiden sie übermäßig unter angeblichen körperlichen Mängeln, unter möglichen Schwankungen der Leistungsfähigkeit und Einbußen ihrer Vitalität.

In diesem Zusammenhang wird oft darüber diskutiert, welche Auswirkungen die genetischen Grenzen eines Menschen auf seine Entfaltungsmöglichkeiten haben. Ob also die Natur nicht den Spielraum des einzelnen endgültig festlegt, dem einen eben größere Begabungen und Talente mitgibt als dem anderen. Sicher existieren Unterschiede zwischen den Individuen. Aber was sagen sie eigentlich darüber aus, wie erfüllt und zufrieden jemand seinen Alltag erlebt? Schließlich gibt es genügend Beispiele dafür, daß „Genies" gescheitert und „einfache Menschen" glücklich geworden sind (und umgekehrt).

Die nüchterne Chromosomenbegutachtung ist für die Prognose eines erfüllten oder trostlosen Daseins völlig untauglich. Ein negatives Urteil wird dem Betreffenden sicher zu schaffen machen, weil er sich sozusagen „amtlich" aller Chancen beraubt sieht. Es dürfte auch seiner Umgebung als willkommenes Alibi dienen, etwa für die Abschiebung eines Körperbehinderten in ein Pflegeheim. Solche wissenschaftlich verbrämten Verurteilungen bringen einen unsicheren und hilfsbedürftigen Menschen kaum weiter, sie verschlimmern aber sicher seinen seelischen Vergiftungszustand.

Es gibt nur eine einzige Person, die uns von der Geburt bis in den Tod begleitet: das eigene Ich. Auf dessen Freundschaft, dessen Solidarität und Beharrlichkeit sind wir angewiesen, um überleben und die vorhandenen Fähigkeiten entfalten zu können. Es stützt oder gefährdet das Wohlbefinden, bietet ein sicheres Fundament oder eine schwache Grundlage für das weitere Wachstum der Persönlichkeit. Wer sonst zeigt uns so unverblümt und spürbar (und zwar rund um die Uhr), wie wir uns fühlen dürfen? Und wer liefert die Grundlage aller persönlichen Leistungen?

Wer gerne Sport treibt oder intensiv an der Karriere arbeitet, der fragt nicht nur danach, welche Schwierigkeiten ihm in den Weg gelegt werden. Seine Motivation reicht wahrscheinlich aus, um Konditionsprobleme oder Prüfungshürden in Angriff zu nehmen; und er entwickelt die nötige Beharrlichkeit, um „am Ball zu bleiben" und sich „nicht vom Weg abbringen zu lassen". Ganz ohne eigenen Antrieb hätte er dagegen niemals angefangen, überhaupt etwas für sich zu tun, und wäre trotz aller Begabungen nie an sein Ziel gekommen. Statt dessen würde er wahrscheinlich noch nach Jahren darüber klagen, daß „man ihm keine echte Chance gegeben hat".

Keiner kann aus „seiner Haut", wie sehr er das vielleicht auch anstrebt – ein anderer Kopf ist da genausowenig zu bekommen wie eine neue Erbmasse, vermögendere Eltern oder eine dekorative Oberweite. Es kommt vielmehr darauf an, das Beste aus dem Lebenskapital zu machen, das tatsächlich vorhanden ist. Von dem Wunsch, das Schicksal trotzdem zu überlisten, profitieren so teuer bezahlte Spezialisten wie etwa die Schönheitschirurgen. Sie täuschen mit technischer Hilfe eine makellose Erscheinung vor, von der alle Beteiligten wissen, daß es sich (nur!?) um eine optische Illusion handelt.

Wer sich also mit fremder Hilfe begehrenswerter fühlen will, statt lediglich attraktiver zu wirken, der dürfte eine herbe Enttäuschung erleben. Denn jeder falsche Schein wird von den eigenen Gefühlen als Selbstbetrug entlarvt, und dieser Mißerfolg tut sehr weh. Die erneuten Reparaturversuche können wegen ihrer Vergeblichkeit zu einer unendlichen Pilgerfahrt führen. Sie setzt sich so lange fort, bis jemand kein Geld mehr für weitere Behandlungen hat und deshalb in Depressionen versinkt – oder endlich begreift, daß Ausstrahlung und Wohlbefinden entweder von innen heraus oder eben gar nicht entstehen.

Aber wer hat schon gelernt, seinen gesunden Egoismus ernst zu nehmen und damit sich selbst der beste Kamerad zu sein? Was bedeuten würde: den eigenen Körper zu pfle-

gen, die Sinnlichkeit zu genießen, den Verstand zu schärfen, die Gefühle zu beleben, den schöpferischen Neigungen
nachzugehen, genügend Zeit fürs Faulenzen und Pläne-
schmieden zu haben? Und das alles möglichst täglich,
ohne wegen anderer Menschen zu große Abstriche an diesem Programm zu machen und ohne seine sozialen Verpflichtungen zu vernachlässigen? Die Antwort lautet
wahrscheinlich: „Ich nicht!", manchmal aber auch: „Ich
bitte Sie, wo kämen wir denn hin, wenn jeder so selbst-
süchtig wäre?!"

Doch wie soll jemand ohne ausreichendes Selbstbewußtsein im Leben „mit festen Beinen auf der Erde stehen" und leistungsfähig bleiben? Es genügt eben nicht, die
Eigenverantwortung eines Menschen bei Verkehrsunfällen
und Gesundheitsschäden zu betonen, ansonsten aber die
Entwicklung des Individuums nach Kräften zu erschwe-
ren. Denn wer ein Leben lang zu spüren bekommt, daß er
sich unterzuordnen hat (also vernachlässigen muß), um als
nützliches Mitglied der Gesellschaft zu gelten, der zeigt
weder Eigeninitiative noch Gemeinschaftsgeist. Statt dessen entwickeln sich ausgeprägte Minderwertigkeitsgefühle, die jede Selbstverwirklichung behindern.

Dann entsteht die Unbeholfenheit bereits bei eher tri-
vialen Alltagsvorgängen („Ich kann bestimmt keinen
Computer starten." – „Wie bekomme ich dieses Auto nur
in die Parklücke? Würden Sie das bitte für mich erledigen?"). Wesentlich kritischer ist allerdings die grundsätzliche Hilflosigkeit, mit der sich die Betreffenden ein Ar-
mutszeugnis in wichtigen Lebensfragen ausstellen: „Von
Politik versteh' ich nichts, das wird die Regierung schon
richtig entscheiden." – „Wenn die Kinder aus dem Haus
sind, dann weiß ich gar nicht, was ich mit mir anfangen
soll." – „In meinem Alter hat es überhaupt keinen Sinn,
noch etwas Neues zu lernen!"

Eine typische Begleiterscheinung dieser Selbstentwer-
tung ist die Neigung, andere Menschen gefühlsmäßig unter Druck zu setzen. Partner, Kinder, Vereinskameraden,

Nachbarn und Kollegen sollen nämlich jene Zuwendung und Bestätigung ersetzen, die man aus eigener Kraft nicht bekommt: „Wie könnt ihr mich jetzt im Stich lassen, ich brauche euch doch so sehr!" Auf diese Weise wird das Ich daran gehindert, mehr zu werden als ein viel benutzter, aber oft geschmähter Putzlumpen. Hier ist jemand sein eigenes Aschenputtel, doch der erlösende Prinz wäre man (wenn überhaupt) auch selber. Und niemand sonst.

Es ist also wichtig, zu sich selbst zu finden und ein Programm der persönlichen Entwicklungshilfe aufzustellen. Wer (noch) nicht sicher ist, auf welchem Gebiet seine Stärken und Talente liegen, der kann andere Menschen dabei durchaus um Rat bitten. Vorhandene Fähigkeiten und Begabungen registriert die Umwelt nämlich manchmal klarer als der Betreffende: ein gewandtes Auftreten, sprachliche oder künstlerische Neigungen oder menschliches Einfühlungsvermögen. Aber die Entscheidung, welchen Weg Sie gehen wollen, sollten Sie auf keinen Fall Ihren Beratern überlassen!

Gewöhnen Sie sich statt dessen an, regelmäßig darüber nachzudenken, wie ihr Leben aussehen soll; und zwar ganz gleich, wie weit entfernt das Ziel zu sein scheint. Denn das tägliche Zwiegespräch mit dem Ich bestimmt darüber, ob jemand der eigenen Person eher kritisch-abwertend oder solidarisch-aufmunternd begegnet. Alles, was wir uns (im Guten wie im Schlechten) fortlaufend „einreden", das wird mit der Zeit zum Glaubensbekenntnis des eigenen Lebens. Steter Tropfen höhlt schließlich auch den härtesten Stein, die fortlaufend weiterlamentierende Gebetsmühle der inneren Überzeugungen trägt den Sieg davon.

Wer kann schließlich schon dauernd eine andere Meinung vertreten als die eigenen Gefühle, wer widerspricht schon mit Überzeugung den tausendfach wiederholten Gedanken? Jeder „Versager" kennt dieses Problem. „Das schaffst du nicht, das schaffst du nicht!", so hämmert es ihm sein Verstand bei jeder Gelegenheit ein. Und diese permanente Gehirnwäsche durch aggressive Parolen zermürbt noch den Rest des Selbstvertrauens. Die Wirkung ist deshalb so verheerend, weil die notorischen Zweifel aus dem eigenen Inneren kommen. Sie lassen sich nicht abstellen, das Opfer ist zugleich der Täter und damit der Unterdrückung schutzlos ausgeliefert.

Das ist wohl auch der Grund, warum viele Manipulateure und Demagogen dieser Disziplinierungsmaßnahme den Vorzug geben. Wenn das Regierungsprogramm der Persönlichkeit mit Ängsten und Selbstzweifeln vollgepackt wird, dann ist damit die Software zur Steuerung des Denkens, Fühlens und Verhaltens infiziert. Sie arbeitet, einmal zum Laufen gebracht, von sich aus selbständig weiter. Mit Schuldgefühlen und dem schlechten Gewissen sorgt die „innere Stimme" dafür, daß die Wirkungen der Erziehung jahrzehntelang bestehen bleiben: „Das tut man nicht!" – „Ich darf mir keine Ruhepause gönnen!" – „Was sollen denn die Leute von mir denken?"

Erfreulicherweise funktioniert dieser Weg der geistigen Programmierung aber auch umgekehrt, und zwar in aufbauender Richtung. Sie verhilft etwa dem Willen zur Gesundheit zum Durchbruch. Der schwer kranke Patient beginnt, sich gegen jede Erwartung zu erholen, indem er sich geistig auf die Genesung statt auf das Siechtum einstellt. Ein verschlossenes („schwer erziehbares") Kind entwickelt Lebensfreude und Zuneigung; es zeigt dabei Talente, die man ihm wegen seiner Unzugänglichkeit abgesprochen hat. Der alt gewordene Mensch verläßt seine vier Wände, hinter denen er sich bereits verkrochen hatte, und nimmt wieder aktiv am Leben teil.

Eine positive Selbstbeeinflussung ist auch der Nährboden für die Verbesserung des menschlichen Zusammenlebens. Neue Ziele können selbst eine weit abgeschlagene Fußballmannschaft so aufmöbeln, daß „wider alle Vernunft" ein neuer Aufstieg beginnt. Motivation stärkt Hoffnungen, setzt friedliche Revolutionen in Gang und zerstört sogar den Granitfelsen von Diktaturen ohne jede Gewalt. Dabei ist allein die ersehnte Heilsbotschaft ausreichend;

konkret greifbare Ergebnisse sind dagegen nicht notwendig, wie jeder Parteitag zeigt: Allein die Wahl eines Hoffnungsträgers sorgt schon dafür, daß die Stimmung zuversichtlicher wird.

Selbstbeeinflussung findet immer statt, sie ist nie zu verhindern – aber die Richtung ihrer Wirkung kann bestimmt und korrigiert werden. Wer sein eigener Freund sein möchte, statt Krieg gegen sich zu führen, der braucht gute Gründe dafür und viel Vertrauen in die zukünftigen Chancen. Konkrete Verbesserungen stellen sich aber nur durch praktisches Handeln ein. Allzu rasche Zweifel an den eigenen Fähigkeiten sind nicht unbedingt angebracht, auch wenn sie sich bald melden sollten; Sie wissen schon, die negative Gebetsmühle im Kopf...

Es sind viele Menschen nur deswegen gescheitert, weil sie auftretende Schwierigkeiten als persönliches Versagen bewertet und sich deswegen aufgegeben haben. Dagegen haben andere nach ihrer Pensionierung ein Studium angefangen oder entgegen allen Prognosen eine Krankheit gemeistert. Also legen Sie ruhig die Skepsis ab. Um eine andere Einstellung zu Ihren Möglichkeiten zu bekommen, sollten Sie nur einmal ein kleines Kind beobachten, während es sein imponierendes Arbeits- und Lernpensum absolviert.

Schließlich haben auch Sie in den ersten Lebensjahren solche bemerkenswerten Beweise für Ihr Leistungsvermögen geliefert. Nach der Methode von „Versuch und Irrtum" und ohne Rücksicht auf gelegentliche Fehlschläge wurde zuerst erworben und dann optimiert, was für das tägliche Leben nötig ist: das Wissen, die Persönlichkeit, der aufrechte Gang. Ihre eigene Biographie ist demnach der beste Beweis dafür, wie erfolgreich Sie sein können. Positiv zu denken, das heißt also, sich selbst als seinen besten Verbündeten zu betrachten, vorhandene Qualitäten ausfindig zu machen und sie in der täglichen Lebenspraxis auch umzusetzen.

Das Ende der Feindbilder ist der Anfang des Friedens.

Wo also bislang die Aufmerksamkeit vor allem den persönlichen Schwächen galt, da kommt es jetzt auf die Förderung der Stärken an. An die Stelle krankmachender Überempfindlichkeiten sollten Gelassenheit und Belastbarkeit treten. Und die Pflege des körperlichen Wohlbefindens könnte die Angst vor Krankheit und Vitalitätsverlust vertreiben.

Sie wissen ja selbst ganz genau, mit welchen Gedanken Sie sich bisher das Leben zur Hölle gemacht haben. Das läßt sich ändern, indem Sie die penetranten Sprüche der Selbstverleugnung in positive Sätze umformulieren – und zwar möglichst alle. Auf diese Weise vergelten Sie Schlechtes mit Gutem und können sich auch in schwierigen Zeiten bei der Stange halten.

Am besten fangen Sie gleich heute damit an.

II. Auf dem Marktplatz des Zusammenlebens: Die Außenpolitik

5. Die Vortäuschung falscher Rollen

„Die ganze Welt ist ein Theater", so charakterisiert man gern den Alltag des menschlichen Zusammenlebens. Und tatsächlich erscheint das Dasein als ein einziges Schauspiel. Denn die Politik, der Arbeitsplatz und das Vereinsleben fungieren als durchgehend geöffnete Schauplätze für Komödien und Tragödien. Es vergeht eigentlich kein Tag, ohne daß es nicht irgendwo dramatisch zuginge. Häufig ist es nur eine Frage der eigenen Betroffenheit, ob der Streit um die Erhöhung der Steuern, um die Neubesetzung eines Postens oder die Abgeltung der Überstunden eher dramatisch oder belustigend erlebt wird.

Noch eindrucksvoller, wenn auch meist hinter verschlossenen Wohnungstüren, spielen sich die Darbietungen im engsten Familienkreis ab. Wenn man auch immer wieder versucht, die Öffentlichkeit von der Teilnahme an den Ereignissen auszuschließen, so hegt sie doch ein waches Interesse an Enthüllungen über die private Szene. Die Zaungäste in Nachbarschaft und Freundeskreis kolportieren deshalb bereitwillig, was im intimen Rahmen zu beobachten ist. Hier sind alle Akteure zugleich Zuschauer und Darsteller, und in diesem „Zimmertheater der Beziehungen" läuft eine permanente Vorstellung ab; zwar mit kleinen Pausen, aber ansonsten als Serienstück mit offenem Ende.

Das Repertoire ist „klassisch" und behandelt in stets neuen Variationen die seit Jahrhunderten bekannten Themen: Liebe und Leidenschaft, Betrug und Haß, Streit und Versöhnung... Bei näherer Betrachtung der eigenen Lebensumstände stellt jeder fest, wie unmöglich es ist, irgendwo nicht „mitzuspielen". Denn sobald ein Mensch auch nur in Erscheinung tritt, wird er (zumindest von der Umgebung) auch auf seine verschiedenen Rollen festgelegt. Was duchaus zu Interessenkonflikten führen kann: Im Beruf fordert die Geschäftsleitung einen „möglichst produktiven Mitarbeiter", die Kollegen suchen aber den „solidarischen Mitstreiter", und die Schwiegereltern erwarten einen „erfolgreichen Aufsteiger".

Dabei ist es völlig unwichtig, ob wir den jeweiligen Part auch übernehmen wollen. Man läßt uns nämlich erst einmal keine Wahl, weil die anderen bereits für sich bestimmt haben, wie sie jemanden sehen wollen. Die soziale Etikettierung entsteht deshalb wie von selbst, weil sie zum Überleben einer Gemeinschaft unerläßlich ist. Am selbstverständlichsten ist das noch auf der funktionalen Ebene; schließlich will man im Zweifelsfall doch wissen, wen man vor sich hat – ob also der „Doktor" ein Arzt oder ein promovierter Maschinenbauer ist, ob sich die Expertin für Rauchwaren eher in der Pelzmode oder mit Pfeifen, Kautabak und Zigarren auskennt.

Bin ich bei diesem Menschen, so die wichtige Frage, mit meinem Problem an der richtigen Adresse – oder nicht? Aber sosehr diese Überlegungen bei Dienstleistungen verständlich sind, so problematisch können sie in anderen Lebensbereichen werden. Das Problem wird offenkundig, wenn es um Vorurteile geht, die wir über andere hegen (und unter unseresgleichen pflegen). Was steht einer Frau an beruflichen Chancen offen, weil oder obwohl sie ein weibliches Wesen ist? Sind Äthiopier nur so lange gute Afrikaner, wie sie in ihrem fernen Erdteil bleiben und als Dekoration für Safariphotos dienen? Wie „brav" und angepaßt muß ein Kind sein, bis es sich einige „Freiheiten" herausnehmen darf?

Doch es gibt nicht nur Schwierigkeiten mit jenen Rollen, in die andere Personen hineingenötigt werden. Ebenso problematisch ist der Aufwand, den manche Menschen treiben, um ihre Umgebung psychisch unter Druck zu setzen. Es ist immer das Gefühl der eigenen Schwäche, das

hier zum sozialen Falschspiel verführt. Denn die prestige-
trächtigen Solodarbietungen sollen entweder den Eindruck
von Überlegenheit und Unfehlbarkeit wecken oder Hilfs-
bedürftigkeit und Unterwerfung signalisieren. Ein echter
„Krisenmanager", so scheint es, meistert auch die
schlimmste Lage aus dem Handgelenk, die „ideale Mutter" liebt ihr Kind volle 36 Stunden am Tag, und der „Star-
patient" ist der Inbegriff der nimmermüden Suche nach
Heilung...

Doch der ganze Aufwand steht nur in einem mäßigen
Verhältnis zur erwarteten Rendite an Zuwendung und
Aufmerksamkeit. Etwa bei jemandem, der sich als „stets
zugänglichen Kummerkasten" für die Nöte der Mitmenschen anbietet. Die Dienste werden zwar gern in Anspruch
genommen, aber der aufopfernde Einsatz zahlt sich nicht
in reichlich strömender Gegenliebe aus. Auch der macht-
gierige Vorgesetzte erzeugt mit seinem selbstherrlichen
Auftreten keine Bewunderung (obwohl er sich so danach
sehnt). Man respektiert vielleicht seine Gefährlichkeit, erlebt ihn aber ähnlich wie den viel belächelten „Pantoffelhelden" als Karikatur von wirklicher Stärke.

Wer die Angst hat, anderen unterlegen zu sein, der versucht, durch forsches Verhalten auf sich aufmerksam zu
machen. Er investiert je nach Befähigung viel Energie in
Witz, Dynamik und Attraktivität, um das allgemeine Interesse auf sich zu lenken. Das mangelnde Selbstwertgefühl verführt zudem dazu, alle (scheinbar) vorhandenen
Vorteile besonders protzig herauszustellen. Darum geht jemand so penetrant mit den beruflichen Erfolgen, dem
Stand des Vermögens und der Potenz hausieren – oder brü-
stet sich mit seiner Cleverness bei der Übertölpelung von
Geschäftspartnern.

Die Variationen dieses grundsätzlichen Verhaltensmu-
sters sind sehr zahlreich. Wer kennt nicht jene besonders
männlich wirkenden Leinwandhelden, die nur deshalb so
viele Frauenherzen gebrochen haben, um so ihre homo-
sexuellen Neigungen vor der Entdeckung zu schützen? Ein

anderes Beispiel: Ängstliche Menschen wurden dadurch zu Kriegshelden, daß sie in ihrer Verzweiflung in die falsche Richtung geflüchtet sind. So haben sie ganz gegen ihren eigentlichen Willen die feindlichen Linien erobert. Doch nicht jeder, der unsicher ist, setzt dieses Gefühl auf so stürmische Weise um.

Mancher Zeitgenosse hat statt dessen die Gewohnheit, sich in übertriebener Weise lobend über andere zu äußern, also dem Gegenüber Honig um den Bart zu schmieren und das eigene Licht unter den Scheffel zu stellen. Doch diese freundlich wirkende Geste ist keineswegs selbstlos gemeint. Sie ist viel zu dick aufgetragen, um nur von reiner Nächstenliebe bestimmt zu sein. In Wirklichkeit wird nämlich die scheinbare Überlegenheit der anderen nicht etwa bewundert, sondern als starke Bedrohung empfunden: „So zeigen mir die anderen, wie unbegabt, erfolglos ich doch bin!"

Die diplomatische Lobhudelei dient dann als präventiver Erstschlag gegen den gefürchteten Gegner: „Wenn ich dir meine Schwäche eingestehe und deine Überlegenheit lobe, dann kannst du mir nicht böse sein!" Die Rechnung geht vielleicht auf, was das Verhalten der geschmeichelten Mitmenschen anbetrifft. Sowohl die vorgetäuschte Stärke wie die demonstrative Schwäche können rein äußerlich den gewünschten Eindruck erwecken, und trotzdem stellt sich kein Wohlbefinden ein – weil die Wirkung des vorgeführten Verhaltens nur auf die Reaktionen der Umwelt, nicht aber auf eine Stärkung des eigenen Selbstbewußtseins abzielt.

Dieser Widerspruch wirkt um so unerträglicher, je mehr jemand glaubt, sich in den Augen der anderen keine Schwäche leisten zu dürfen. „In diesem Job zählt nicht das weiche Herz, sondern die Steigerung der Produktivität!" – „Eine Frau muß hart werden, wenn sie sich in der Männerwelt behaupten will!" – „Ein guter Vertreter gibt auch dem schlimmsten Kunden recht!" Solche Kampfparolen zwingen die Gefühle in ein Korsett, was zwangsläufig zu einer

Verfremdung der Persönlichkeit führt. Frau und Mann sind dann nicht mehr sie selbst, sondern nur noch das, was sie glauben, darstellen zu müssen.

Das verstärkt die Verunsicherung hinter der vorgeführten Fassade; was dazu führt, daß das angeblich schützende Rollenverhalten noch verstärkt wird. Ein Teufelskreis kommt in Gang. Der „knallharte Geschäftsmann" und das „verführerische Weibchen" versuchen, die Überforderung ihrer empfindlichen Gefühle zu vertuschen und Verletzungen durch andere Menschen zu verhindern. Der Panzer des „letzten Cowboys" ist die seelische Kugelweste gegen die vermeintlichen Heckenschützen im täglichen Zusammenleben. Und das „männermordende Vollweib" spielt mit der lüsternen Begehrlichkeit ihrer Verehrer, um selbst nicht schwach sein zu müssen.

Wer „eiserne Selbstdisziplin" am Arbeitsplatz praktiziert, der glaubt, er müsse seine Gefühle kasernieren, um die äußeren Anforderungen weiter erfüllen zu können. Er geht so hart mit sich ins Gericht, weil er keine „Blöße zeigen will". Was bedeutet, daß er unbewußt befürchtet, in diesem Fall vielleicht keine Lust mehr auf die beständige Leistungstreiberei, auf ständigen Termindruck und die Einengung des Privatlebens zu verspüren. Es könnte sich herausstellen, daß man diese Vorgaben aus der Umwelt eigentlich gar nicht erfüllen möchte – und das muß auf jeden Fall verhindert werden!

Häufig sind auch die Variationen der „demonstrativen Wehleidigkeit" zu beobachten. Hier will jemand die Zuwendung seiner Mitmenschen erzwingen – das aber dann mit aller Beharrlichkeit und Härte. Besonders oft wird dieser Weg eingeschlagen, um einen „sekundären Krankheitsgewinn" zu erzielen. Der routinierte Patient kann zu diesem Zweck wie auf Knopfdruck sein ganzes Elend in Form von Schmerzen oder Verspannungen präsentieren.

Wer eine Rolle vortäuscht, um durch den Erfolg bei anderen seine innere Unsicherheit zu kompensieren, der befindet sich in ständiger Abhängigkeit von den Mitmenschen; so wie ein Schauspieler nur von Vorstellung zu Vorstellung lebt. Denn der Glanz des Augenblicks verpufft mit dem Applaus, auch das beeindruckendste Gastspiel im Tourneetheater des Zusammenlebens ist mit dem Fallen des Vorhangs beendet. Das Publikum geht nach Hause, es läßt den Hauptdarsteller ungeschminkt und auf sich gestellt zurück. Und darum heißt es auch auf der Bühne des Alltags: „The show must go on!"

Die vielen Rollen, die zur Täuschung der Mitmenschen gespielt werden, lassen (trotz aller Vielfalt) vier verschiedene Grundmuster erkennen. An erster Stelle steht schon traditionell der „Hochstapler". Er ist bemüht, jedermann mit seiner Schaumschlägerei einzuseifen und Sympathie zu gewinnen, indem er aller Welt die Erfüllung ihrer Träume verspricht. Der „Tiefstapler" versucht dagegen, sich allgemein unter Wert anzubieten. Damit will er dem Gesprächspartner das Gefühl von Überlegenheit und Stärke vermitteln und so bei ihm die wohlwollende Bereitschaft zu Gegenleistungen wecken.

Der „Widerborstige" setzt alles daran, die Mitmenschen auf Abstand zu halten und persönliche Unzugänglichkeit zu demonstrieren. Damit erschwert er nicht nur fremde Angriffe, sondern fordert manche Leute geradezu heraus, sich näher mit ihm zu beschäftigen. Im Gegensatz dazu versucht der „Seelenwärmer", seine Opfer so rasch wie möglich mit erdrückender Zuwendung zu umgarnen. Die Überflutung mit Herzlichkeit hat zum Zweck, jede Kritik und Ablehnung möglichst wegzuschwemmen und den Gesprächspartner gefühlsmäßig zu verpflichten. Und es ist nicht leicht, Widerstand gegen so viel wohlwollende Aufmerksamkeit zu leisten...

Manche Menschen versuchen, mit einer unglücklichen Kombination von Rollenmerkmalen Erfolg zu haben – und wundern sich dann, warum sie einfach nicht zum Ziel kommen. Der „widerborstige Hochstapler" ist schnell als arrogant verschrien, während der „tiefstapelnde Seelenwärmer" häufig als devot und unehrlich gilt. Solche unglücklichen Verhaltensmuster werden von den Betreffenden selten als fragwürdig erlebt und deshalb auch nicht in Frage gestellt. Sie glauben vielmehr, daß ihr Spiel nur deshalb noch nicht aufgegangen ist, weil sie die Rolle nicht überzeugend genug ausgefüllt haben.

Aus diesem Grund wird Schlechtes bewahrt und weiterhin Schaden angerichtet. Der Hilfspolizist als einsamer Kämpfer für Recht und Ordnung lauert den Parksündern weiter auf, um seine Machtbedürfnisse zu befriedigen und möglichst viele Strafzettel zu verteilen. So signalisiert er seinem Vorgesetzten in der Stadtkasse die nötige Unterwürfigkeit. Die Patientin wird ihrem Partner, dem nächsten Chefarzt und dem Sachbearbeiter ihrer Krankenkasse mit ihren Klagen weiter auf den Nerv gehen. Schließlich ist das der beste Weg, um Aufmerksamkeit und Zuwendung zu ertrotzen und jeden Behandlungserfolg zu verhindern…

Und solange dieses falsche Spiel getrieben wird, so lange besteht nicht die geringste Aussicht darauf, den inneren Frieden zu finden. Im Gegenteil. Der Betreffende wird sich im ständigen Kampf um Zuwendung durch die Mitmenschen verheizen, was nicht nur sinnlos ist, sondern auch noch Unfrieden in der eigenen Persönlichkeit stiftet. Denn wenn die Gier nach fremder Anerkennung zunimmt, sinkt das Selbstbewußtsein automatisch ab. Doch lassen Sie sich von diesen Einwänden nicht beirren. Schließlich weiß man ja, wie belebend die Bewunderung durch andere Menschen und wie ernüchternd das Alleinsein ist.

Also zeigen Sie aller Welt, was Sie zu bieten haben, denn nur so bleiben Sie am großen Gesellschaftsspiel beteiligt. Denken Sie doch darüber nach, wie Sie andere Leute dazu bewegen können, Sie für stark, fehlerlos und überlegen zu halten: „Wie kann ich überall die Aufmerksamkeit auf mich ziehen?" – „Was muß ich tun, um als eindrucksvolle Persönlichkeit, als großartiger Erfolgsmensch oder als Liebhaber des Jahrhunderts angesehen zu werden?" Sollte es Ihnen an eigenen Einfällen mangeln, dann kopieren Sie einfach einen Prominenten, dessen Eigenschaften Ihnen besonders imposant vorkommen.

Wenn Sie jedoch Ihr Heil eher in der Verkörperung der Hilflosigkeit suchen wollen, dann geht es um die Optimierung der eigenen Jämmerlichkeit: „Kann man auch gut erkennen, wie schlecht es mir geht?" – „Welche kleinen Gesten unterstreichen besonders eindrucksvoll meinen bedauernswerten Zustand? (Ein tragischer Augenaufschlag, schweres Atmen, etc., etc.)?" – „Wie kann ich herausfinden, wer am stärksten auf meine fürchterlichen Schmerzen reagiert?" Sobald Sie merken, daß Ihre Mühe nicht den erwünschten Erfolg bringt, klagen Sie noch stärker als bisher! Schließlich haben Sie nicht weniger Tricks auf Lager als Ihre Mitbewerber.

Sie sollten sich keinesfalls zu schade sein, jede (noch so unpassende) Gelegenheit für ihre Auftritte zu nutzen. Denn damit zeigen Sie, daß Ihnen auch der Preis der Selbstaufopferung nicht zu hoch ist, um Beachtung zu finden: „Wie muß ich angezogen sein, damit auch alle Konzertbesucher über mich sprechen?" – „Wie kann ich mich so verstellen, daß selbst mein größter Gegner von mir begeistert ist?" Und für die eher leidenden Seelen: „Welches chronische Krankheitsbild kann mein Befinden stören (Rückenschmerzen, vegetative Labilität etc., etc.)?" Wenn Sie sich einfallsreich genug mit der Beantwortung solcher Fragen beschäftigen, dann dürfte der Erfolg nicht ausbleiben.

6. Das Schlachtfeld der Beziehungen

Ganze Berufsgruppen leben davon, daß sich die Menschen nur schlecht miteinander vertragen. Die Anwälte, Notare und Polizisten hätten sehr viel weniger zu tun, wenn die Leute besser miteinander umgehen würden. „Es kann der Frömmste nicht in Frieden leben, wenn es dem bösen Nachbarn nicht gefällt", so sagt der Volksmund, und diese Erkenntnis hat nichts von ihrer erschreckenden Gültigkeit verloren. Unser Jahrhundert ist von vielen Kriegen gezeichnet, die ihre blutigen Spuren auf der ganzen Erde hinterließen. Aber auch die Gewalttätigkeiten im kleinen Rahmen und direkt vor unserer Haustür gehören zum Alltagsleben.

Auf Fußballplätzen wird randaliert, Hausbesetzer liefern sich Straßenschlachten mit den Ordnungskräften, die erschreckende Zahl der Kindesmißhandlungen wird zunehmend bekannt. Überall zeigt sich, daß der „Mensch des Menschen Wolf ist", wie die Antike schon wußte. Zwar sind wir häufig auf andere angewiesen, um überleben zu können. Schon allein deshalb, weil man sich so selbstverständlich daran gewöhnt hat, daß jemand zur Verfügung steht, der Aufgaben für uns erledigen kann – die Brötchen zu backen, die Zeitungen zu drucken, Krankheiten zu behandeln, Autos zu bauen oder den staatlichen Schuldenberg abzutragen.

Doch neben den erfreulichen Aspekten des Zusammenlebens (wie Solidarität oder Selbstlosigkeit) lauern unübersehbar die Schattenseiten der sozialen Wirklichkeit. Da gibt es hinterhältige Intrigen im Berufsleben, Klatsch und Tratsch ziehen rücksichtslos die Privatsphäre in den Schmutz, und der Neid kann bekanntlich das beste

Arbeitsklima vergiften. Frauen klagen über sexuelle Belästigung durch Kollegen und Vorgesetzte. Wen in Politik und Kultur der Erfolg verlassen hat, der wird von heute auf morgen von seinen „guten Freunden" fallengelassen. Und so weiter, und so weiter…

„Das Leben", so ein oft gehörter Stoßseufzer, „es könnte wirklich schön sein, wenn nur die Leute nicht wären…" Jeder von uns erlebt immer wieder Augenblicke in seinem Dasein, die ihm das Gefühl vermitteln, der Rest der Welt habe sich gegen ihn verschworen. Da werden gut gemeinte Ratschäge als Beleidigung mißverstanden, Erwartungen als „unzumutbar" zurückgewiesen und Vorschläge als „indiskutabel" abgelehnt. Jede Mühe, die jemand an einem solchen Tag unternimmt, kommt scheinbar bei den anderen falsch an. Der Betreffende sitzt plötzlich zwischen allen Stühlen und weiß absolut nicht, womit er denn so viel Unverständnis und Unfreundlichkeit verdient hat.

Eine solche Mißerfolgsbilanz entsteht vielleicht am Ende eines Tages, wenn die Schaukämpfe am Arbeitsplatz mit besonders harten Bandagen ausgetragen wurden. Und, wie es das Unglück so will, die Kette der Unannehmlichkeiten setzt sich zu Hause weiter fort: Der Nachbar macht Scherereien wegen eines überhängenden Astes, dessen Blätter auf sein Blumenbeet fallen. Die Tochter kämpft um die Erhöhung des Taschengelds und gegen den weiteren Schulbesuch, dessen Sinn sie nicht einsehen will. Und zu später Stunde ruft dann auch noch der Schwiegervater an, um wieder einmal an die Teilnahme beim nächsten Familientreffen zu erinnern.

Wenn sich derartige Vorkommnisse häufen, dann kommt mancher Skeptiker zu der bitteren Einsicht, daß die harmonischen Zeiten des Zusammenlebens wohl die seltene Ausnahme sind. Und der Alltag scheint ihn zu bestätigen. Denn man kann viele Beispiele dafür finden, wie sehr das Miteinander der Menschen vom Kampf um Sieg und Niederlage, um Macht und Ohnmacht bestimmt ist.

Das beginnt beim permanenten Konkurrenzdruck im Geschäftsleben, geht weiter mit dem Gerangel bei Lohnverhandlungen und reicht bis zu den penetranten Auseinandersetzungen zwischen langjährigen Lebenspartnern.

Wie sehr die zwischenmenschliche Kriegführung das Leben beherrscht, das zeigt nicht zuletzt der Erfolg von Boulevardkomödien. Die Leute amüsieren sich nämlich sehr gern über ihre eigenen Probleme, solange andere stellvertretend darunter zu leiden haben. Die Situationskomik ist nur von vordergründiger Heiterkeit, denn die Schauspieler mimen auf der Bühne den Ernstfall, der allen Anwesenden vertraut ist. Sie führen betrogene Betrüger, irregeleitete Intrigantinnen und übertölpelte Hallodris vor – was das betroffene Publikum zu befreitem Lachen veranlaßt: „Wie herrlich, daß wir diesmal nicht die Dummen sind!", oder auch: „Wie gut, daß es endlich die Richtigen erwischt!"

Doch leider geht es nach der Theatervorstellung (also im richtigen Leben) nicht immer so glimpflich ab. Mit einem Happy-End ist ebenfalls kaum zu rechnen, ganz im Gegenteil. Denn der ehrgeize Karrierist sägt weiter am Stuhl seines Vorgesetzten, die Mitbewohnerin vom dritten Stock zerreißt sich nach wie vor ihr böses Maul, und der routinierte Herzensbrecher findet sicher sein nächstes ahnungsloses Opfer. Ausgleichende Gerechtigkeit scheint im realen Alltag ein seltenes Vorkommnis zu sein; so sieht es jedenfalls aus, wenn man etwa im Beruf die Erfahrung macht, daß ein starker Ellbogen dem Vorwärtskommen besser nützt als ein menschenfreundliches Gemüt.

Woher kommt diese kriegerische Mentalität? Was sorgt dafür, daß aus friedlichen Babies jene aggressiven Erwachsenen werden, die weltweit ihre Beziehungs-, Wirtschafts- und Weltkriege führen? Offensichtlich lernen wir von klein auf, und zwar durch unsere Bezugspersonen, wie man sich im Sturm des Lebens behaupten muß. „Wer nicht hören will, muß fühlen!" – „Wer nicht nimmt, dem wird genommen." – „Und willst du nicht mein Bruder sein, dann schlag' ich dir den Schädel ein!"', so lauten populäre Grundsätze des erzieherischen Ertüchtigungsprogramms. Doch es bleibt nicht bei elterlichen Belehrungen über die Spielregeln des Alltags.

Die physische und psychische Gewaltanwendung gegen Kinder dürfte die scheußlichste Ursache für die Erhaltung von gesellschaftlicher Gewalttätigkeit sein. Wer Mißhandlungen und Vergewaltigung am Anfang seines Lebens hilflos über sich ergehen lassen mußte, der bleibt für den Rest seines Lebens verletzt. Das ängstliche Erdulden von Grausamkeit, der Verrat durch die geliebten Eltern und das Alleingelassen-Sein mit dem Schmerz, das alles hat die Seelen von vielen tausend Mädchen und Jungen vergiftet (und tut dies auch heute noch). Denn allmählich wird ja die ungeheuerliche Zahl solcher Delikte bekannt, die in allen Kreisen der Bevölkerung begangen wurden und werden.

Scham, Unverständnis der Umwelt und Angst sorgen dafür, daß das erlittene Unrecht aus dem Bewußtsein verdrängt wird und deshalb in späteren Jahren nicht mehr erinnerlich ist. Aber deshalb ist das schlimme Erlebnis nicht auch tatsächlich vergessen. Es wirkt indirekt und andauernd auf das Verhalten ein. Wer nämlich die Gewalttätigkeit anderer Menschen ohnmächtig über sich ergehen lassen mußte, der wird versuchen, seine angestaute Wut über die erlittenen Verletzungen loszuwerden. Und darum ist es nicht erstaunlich, daß die mißhandelten Opfer eines Tages selber zu Tätern oder wieder zu Opfern werden und Krieg gegen ihre Mitmenschen führen.

Viele Unschuldige müssen deshalb für ein Unrecht büßen, das dem Kind angetan worden ist und damit die Aggressivität des Erwachsenen begründet hat. Der „Haustyrann", die „böse Schwiegermutter" oder der „skrupellose Geschäftsmann", sie sind vielleicht aus diesem Grund erst so geworden, wie sie sind. Wer also wirklich den Schutz des werdenden Lebens im Auge hat (und nicht nur die Menschenproduktion sichern will), der muß auf alle Einflüsse achten, die Leib und Seele beschädigen könnten –

statt sein Engagement auf die Wochen vor der Geburt und die Diskussion über die Abtreibung zu beschränken.

Natürlich gibt es auch im späteren Leben noch genügend Gelegenheiten, um aggressives Verhalten einzuüben und die Hohe Schule der sozialen Nahkampftechnik zu meistern. Dabei leisten die öffentlichen Vorbilder in Politik, Wirtschaft und Sport wertvolle Entwicklungshilfe. Die Fernsehnachrichten liefern den Fernkurs zum Thema „Erfolg durch Rücksichtslosigkeit" in laufenden Lektionen frei Haus. Dort lernt man, wie unliebsame Konkurrenten abserviert werden, wie man ungestraft Großbetriebe ruiniert oder mit Hilfe von Massenmord und Guerillatruppen zum Staatspräsidenten aufsteigt.

Filmstars reichen nach kurzer Ehe die Scheidung ein, um diese zeitliche Investition durch horrende Abfindungen zu versilbern... Moderne Raubritter aus dem Jet-Set lassen schrottreife Tanker explodieren und Matrosen dabei sterben, damit ihnen der groß angelegte Versicherungsbetrug gelingt... Große Firmen machen verbotene Kriegsgeschäfte, doch mit den entsprechenden Beziehungen und juristischer Tücke entgehen sie der verdienten Bestrafung... Täglich werden neue Varianten aus dem Katalog der Betrügereien und Gaunerstücke veröffentlicht, und die Dunkelziffer wird beträchtlich sein.

Daraus könnte der vielzitierte „Otto Normalverbraucher" den Schluß ziehen, daß er sich von den „oberen Zehntausend" lediglich durch seine größeren Skrupel unterscheidet. „Die Kleinen hängt man, und die Großen läßt man laufen", so charakterisiert eine beliebte Volksweisheit die Gerechtigkeit der Welt. Der Frust über die erfolgreichen Edelgauner in der Loge des Gesellschaftstheaters hat jedoch etwas Scheinheiliges an sich. Denn besonders menschenfreundlich geht es im Parterre des Alltags auch nicht immer zu. Bei manchem Mitbürger, der Lug und Trug im öffentlichen Leben beklagt, ist der neidische Unterton zudem kaum zu überhören...

Jeder hat seinen Karpfenteich, in dem er sich wie ein

räuberischer Hecht benimmt, wenn auch die angerichteten Schäden nicht immer offensichtlich sind. Die Sprachgewohnheiten zeigen nämlich deutlich, wie sehr das Zusammenleben von aggressiven Tönen bestimmt wird. Im „Kampf der Geschlechter" geht es darum, sich „nicht unterkriegen zu lassen" und die „Hosen anzubehalten". Fußballstadien gleichen bei wichtigen Spielen einem „Hexenkessel" Es kommt zu regelrechten „Fankriegen", und erregte „Schlachtenbummler" feiern den „Untergang des Gegners" – natürlich nur „verbal", denn es ist ja „nicht persönlich" gemeint.

Doch gerade die gewalttätigen Ausschreitungen bei sportlichen Ereignissen zeigen, wie leicht eine kriegerische Mentalität zu zerstörerischen Taten verführen kann. Diese doppelte Moral mit ihren gefährlichen Folgen ist durchaus gesellschaftsfähig und weit verbreitet. Ein prägnantes Beispiel: Biedere Familienväter verdienen den Unterhalt ihrer Familie mit der Herstellung von Kriegsgerät und Munition, leisten also einen aktiven Beitrag zum internationalen Massensterben. Das hindert sie aber nicht daran, sich nach Feierabend über die Gewalttätigkeiten von Motorradrockern, Hausbesetzern und Hooligans zu empören.

Da wird über die Radikalität von Jugendlichen gewettert, die aber vielleicht zu Hause gelernt haben, daß man „allen Verbrechern am besten die Rübe abhackt". Warum sind nur die Folgen des extremen Denkens strafbar, nicht aber dessen vorherige Vergiftung? Und was macht die Schreibtischtäter, die Stammtischstrategen und Reihenhaus-Diktatoren so „ungefährlich", die von ihnen gesäte Saat aber kriminell? Die Heuchelei, die hinter dieser gesellschaftlichen Ungleichbehandlung von Schuld steckt, hat Methode. Sie dient der Entlastung und Verschonung der eigentlichen Täter.

Wer nämlich einen Sündenbock gefunden hat, der kann sich eine „weiße Weste" bestätigen und selbstzufrieden mit seinen Unarten weitermachen. Das bedeutet auch: anderen anzukreiden und nicht zu gönnen, was man selber tut; hinter Bauplätzen, Vorstandsämtern und Siegestrophäen herzujagen, damit sie niemand anders gewinnt. Verbissen wird in Mark und Pfennig, in umbauten Kubikmetern und Weihnachtskarten nachgerechnet, wie hoch der Kontostand des Sozialprestiges ist. Von „Fair Play", von Rücksichtnahme oder gegenseitiger Achtung ist dagegen selten die Rede; und wenn, dann vor allem in Sonntagsreden und scheinheiligen Nachrufen.

Die Eigendynamik des aggressiven Konkurrenzverhaltens ist unerbittlich und fordert ihren hohen Preis. Sie führt nicht nur zur Verminderung des Selbstbewußtseins und zur Verarmung der Gefühle, sondern auch zur Vereinsamung. Denn wenn sich der einzelne diesem Spiel unterwirft, dann geht es zwischen ihm und seiner Umwelt fortan nur noch um Angriff, um Abwehr oder Unterwerfung: „Wie werde ich besser, schneller reich als die anderen?", und vor allem: „Entweder du oder ich!" – und das bedeutet, vom süßen Glück eines Sieges zu träumen und gleichzeitig die beschämende Demütigung einer Niederlage zu fürchten.

Das hat seine Folgen für das Zusammenleben, vor allem aber für die Erziehung. Denn natürlich wird ökonomisch, politisch und pädagogisch für gut befunden und gefördert, was dem eigenen Weltbild entspricht. Also erfährt die nächste Generation ihre Erziehung in diesem aggressiven Geist mit einer subjektiv durchaus ehrenhaft klingenden Begründung: „Meine Kinder sollen schließlich im Kampf ums Dasein nicht den kürzeren ziehen und sich unterbuttern lassen!" Was nichts anderes bedeutet, als daß die kalten Krieger des Alltags versuchen, die Truppen für das Schlachtfeld des Zusammenlebens aus den eigenen Reihen zu rekrutieren.

Und so gilt dann für Immobiliengeschäfte, für Ehestreitigkeiten, Kabinettsbeschlüsse oder Karrierepläne der eiserne Grundsatz: „Wer früher zuschlägt als der andere, der geht selber nicht k.o., und wer unterhalb der Gürtellinie trifft, der schaltet seinen Gegner besser aus." Die Asiaten behaupten zwar, daß Selbstbehauptung, Verteidigungsfähigkeit und Überlebenswille nicht von vorbeugender Gewalttätigkeit abhängen würden. Doch in unserer abendländischen Gesellschaftskultur gelten traditionell andere Spielregeln. Angriff und Unterdrückung werden als die besten Wege betrachtet, um den eigenen Vorteil zu sichern.

Dementsprechend stuft man auch denjenigen als wirklichen Erfolgstypen ein, der eine solche Einstellung am besten verkörpert und „ganz cool" seinen Vorteil wahren kann – selbst (oder gerade) auf Kosten der Mitmenschen. Wer auf dieser Welle mitschwimmen will, um angesehen, befördert oder standesgemäß verheiratet zu werden, der frage sich möglichst oft: „Wer hat etwas gegen mich und muß deshalb dringend eine Lektion erhalten und von mir zurechtgestutzt werden?" – „Warum können mich die anderen nicht in Frieden lassen, obwohl ich mir doch nur nehme, was mir zusteht?"

Der fortgeschrittene Beziehungsprofi bleibt aber nicht bei diesen Überlegungen stehen. Er verwendet viel Energie auf die Ausnutzung der berechenbaren Eigenschaften seiner Mitmenschen. „Wie kann ich jemanden so manipulieren, daß er sich für meine Zwecke verwenden läßt?" fragt er sich, oder noch genauer: „Wo ist der nächste nützliche Idiot?" Bisweilen kann es nötig sein, sich ein wenig rigoroser durchzusetzen. Zu diesem Zweck ist es besonders vorteilhaft, die Schwächen und Eigenheiten des betreffenden Opfers zu kennen. Wer es schafft, diese wunden Punkte immer wieder zu verletzen, der dürfte bald zur Elite der sozialen Kampftruppen gehören.

7. Wie kann ich mich bei anderen durchsetzen?

Niemand steckt gern mit seinen Ansprüchen zurück – jedenfalls nicht dort, wo ein persönlicher Erfolg erwartet wird. Das kann die Belobigung bei der nächsten Betriebsversammlung, der Sieg im Tanzturnier oder die Prämierung des eigenen Zwergschnauzers sein. Ausschlaggebend ist dabei weniger der offizielle Stellenwert des Ereignisses, denn in dieser Frage zählt nur die persönliche Beziehung zu der betreffenden Situation. So kommt es, daß jemand eine öffentliche Anerkennung (wie etwa das Bundesverdienstkreuz) ziemlich ungerührt zur Kenntnis nimmt, während ihm die Verleihung der Ehrennadel seines Gesangvereins die Tränen in die Augen treibt.

Woran auch immer das Herz hängt, nichts beschäftigt die Gedanken und Gefühle mehr als die Erfüllung dieses Traums. Das ist der Fall, wenn „gestandene Männer" mit „leuchtenden Kinderaugen" vor einer Dampflokomotive stehen oder wenn Frauen sich stundenlang über die aktuellen Kreationen der verschiedenen Frühlingshüte und Parfümflacons unterhalten. Was in Beruf, Familie und Freizeit zum zentralen Thema des eigenen Lebens geworden ist, das wird zum Ausdruck der persönlichen Vitalität, wenn es verwirklicht wurde: „Mir geht es unheimlich gut, weil unser Verein gewonnen hat!"

Andererseits wirkt es sich besonders bedrückend aus, wenn wichtige persönliche Wünsche nicht in Erfüllung gegangen sind. In vielen Fällen ist es der Erfolg eines anderen Menschen, der die eigenen Hoffnungen zunichte gemacht hat. Der neue Abteilungsleiter heißt eben Meyer, bei den Standardtänzen reicht es nur für Platz zwei, und die Gräfin von Ülzen trägt mit ihrem Königspudel den begehrten Sieg davon. Um nicht völlig deprimiert zu sein, versucht man, sich über die erlittene Enttäuschung hinwegzutrösten. Etwa durch die Feststellung, daß „dieser Posten eigentlich nicht so wichtig für mich ist" oder daß „die Jury doch immer nur die Favoriten prämiert".

Aber solche Gedanken sind nicht mehr als ein Versuch, das gekränkte Selbstbewußtsein zu beschwichtigen. Die besänftigende Wirkung hält jedoch, wenn überhaupt, nur kurze Zeit an. Wer über seine unbefriedigende Lage nachgrübelt, der sucht nämlich bald nach Ideen, die das ersehnte Ziel wieder in greifbare Nähe rücken könnten; die also dabei helfen, sich doch noch bei anderen erfolgreich durchzusetzen. Und zwar (wenn es sein muß) durchaus mit unlauteren Mitteln. Der durchgefallene Kandidat überlegt, wie er dem neugewählten Vorsitzenden das Leben schwermachen kann, um nachträglich als die bessere Wahl dazustehen; die Hundebesitzer denken an Doping und allerlei kosmetische Tricks, um beim nächsten Mal erfolgreicher zu sein.

Der Fall liegt deshalb so schwierig, weil in allen diesen Fällen das objektive Ergebnis (Platz und Sieg) als Bewertung beziehungsweise Abwertung der eigenen Persönlichkeit erlebt wird. Etwa auch in einer angespannten Beziehung, wo jede Diskussion gleichzeitig zur Aufrechnung gegenseitigen Versagens mißbraucht wird. Ganz gleich, wie das Gespräch verläuft, die Beteiligten sind sich uneins in der Beurteilung, wer eigentlich der Verlierer ist. Wohlgemerkt: Es geht nicht darum, wer objektiv den größeren Nachteil davongetragen hat, sich also in der Sache nicht behaupten konnte; hier ist entscheidend, wie sehr sich jemand subjektiv unterlegen fühlt.

Das kann nämlich paradoxerweise durchaus derjenige sein, der bei dem Ehestreit der „Sieger" geblieben ist. Mancher Haustyrann lebt in der absurden Vorstellung, von der ganzen Familie nur ausgenutzt zu werden, und begründet damit sein hartes Durchgreifen. Autoritäre Vorgesetzte wären sehr irritiert (und würden mit Abwehr reagieren), wollte man ihnen ihr rücksichtsloses Führungsverhalten vorwerfen; sie werden immer der Meinung sein, für die Firma und alle Untergebenen „nur das Beste" zu wollen. Was ist das Problem? Hier hat jemand so große Schwierigkeiten, sich durchzusetzen, daß er zu aggressiven Mitteln greift, um den Gehorsam zu erzwingen.

Das hat häufig Erfolg, hinterläßt aber bei dem Betreffenden selbst eine bleibende Unsicherheit. Wer einen so großen Aufwand treiben muß, um Sieger zu bleiben, der hat ihn nötig. Denn er fürchtet, ohne die Anwendung von Zwang der Unterlegene zu bleiben. Streitende Parteien werfen deshalb der jeweils anderen Seite gerne vor, von ihr übervorteilt und „über den Tisch gezogen" worden zu sein. In diesem Denkschema bedeutet „Selbstbehauptung" nichts anderes als eine Kriegserklärung an die Mitmenschen: „Ich erreiche nur dann eine gute ärztliche Behandlung (die Gefügigkeit meines Partners, das Nachgeben des Betriebsrats), wenn ich kräftig Druck mache."

Neben dem diktatorischen Gehabe gibt es noch ein anderes Verhalten, das aus sozialer Unsicherheit und Mangel an Durchsetzungsvermögen entsteht. Es handelt sich um die Unterwürfigkeit, mit der ein starker Partner aufgefordert wird, stellvertretend die eigenen Probleme zu lösen: Bewerbungen zu schreiben, die schlecht ausgeführte Reparatur bei der Autowerkstatt zu reklamieren, die Angst vor der Zukunft zu nehmen... Das ist die große Stunde der Supermänner, der Vaterfiguren und Übermütter. Man möchte sich so gern bei ihnen anlehnen, sich geborgen fühlen und von ihnen führen lassen, um die beruhigende Gewißheit zu haben, daß schon alles gut werden wird.

Eine gute „Selbstbehauptung" bestünde also in diesem Fall darin, genügend Menschen zu organisieren, die an Stelle der eigenen Person für die Befriedigung von Bedürfnissen sorgen; also emotionale Zuwendung, materielle Sicherheit und soziale Anerkennung liefern. Auf dieser Basis entstehen viele Partnerschaften – und bringen genau des-

halb nicht das gewünschte Ergebnis. Denn das Ausweich-
manöver trägt zwar zur oberflächlichen Milderung der Probleme bei; Essen und Trinken, Fürsorge und Bestätigung
sind gesichert. Doch das Gefühl der Ohnmacht bleibt erhalten. Das Langzeitergebnis solcher Scheinlösungen sind
Depressionen und die Flucht in immer neue (und doch
gleich geartete) Beziehungen.

Der „diktatorische" und der „unterwürfige" Typ erreichen trotz des großen Aufwandes nur äußerlich, was sie
damit bezwecken. Dabei scheinen sie sich ausgezeichnet
zu ergänzen, wie die klassische Arbeitsteilung der Geschlechter behauptet. Der Mann ist stark und beherrscht
sich, er kann denken und ernährt die Familie im Schweiße
seines Angesichts – die Frau dagegen ist weich und gefühl-
voll, sie hat künstlerische Neigungen und sorgt daheim für
Haushalt und Kinder. Unter diesen Bedingungen wird häufig geheiratet, und die traditionellen Verhaltensnormen
sorgen vorerst für klare Verhältnisse.

Doch mit den Jahren kommt immer mehr Sand in das
Räderwerk der heilen Welt, weil die sozialen Etiketten
nicht mehr halten können, was man sich ursprünglich von
ihnen versprochen hatte. Viele Partner fühlen sich durch
die vorgegebenen Rollen eher eingeengt als ausgefüllt. Es
ist ihnen nichts mehr übriggeblieben, als den eingespielten
Part auszufüllen, von gegenseitiger Abstimmung der Interessen ist längst nicht mehr die Rede. Das einstmals so
liebevoll-vertrauliche Gespräch wurde zur Dienstbespre-
chung über Sachfragen und Allerweltsprobleme. Die Mitbestimmung hat Sendepause, und der Rest ist Schweigen...

Solange jemand glaubt, sich nur dann durchsetzen zu
können, wenn er andere besiegt („Diktatur") oder sich
fremden Interessen opfert („Unterwürfigkeit") – so lange
muß er falsche Rollen spielen und Krieg um Sieg oder Niederlage mit anderen Menschen führen. Deshalb bricht in
eingespielten Beziehungen so häufig ein erbitterter Streit
aus, wenn es eigentlich um die Lösung gemeinsamer Pro-

bleme gehen sollte: bei der Kindererziehung, der Wohnungseinrichtung, den Urlaubsplänen. Hier, so die Angst der Streithähne, würden Zugeständnisse zu Gebiets- und Gesichtsverlusten führen.

Darum eskaliert die Aggression immer weiter, bis auch die letzte Gemeinsamkeit den militärischen Interessen geopfert worden ist. Wer sich in der Frage seines Wohlergehens an einen anderen Menschen klammert, der bleibt von ihm abhängig; und zwar in guten wie in schlechten Tagen und ganz gleichgültig, wie die Machtverhältnisse erscheinen: Der „Sunnyboy" braucht das „Mauerblümchen" (und umgekehrt), die „Diva" den „Pantoffelhelden", der „Künstler" seine „Buchhalterin". Und wenn sie beide nicht zur Besinnung kommen, dann kleben sie eben aneinander und kämpfen weiter miteinander, bis daß der Tod sie scheidet.

Doch wie könnte die Alternative aussehen? Wie vertrete ich meine Interessen, ohne mir deswegen größere Nachteile einzuhandeln? Ohnmacht und Hilflosigkeit gegenüber anderen Menschen hängen immer mit mangelndem Selbstvertrauen zusammen: „Wenn ich mich weigere, Überstunden zu machen, dann hält man mich sicher für einen Drückeberger. Also mache ich lieber mit." Wer sich dagegen seiner inneren Freiheit bewußt bleibt, der vergrößert als erstes seinen inneren Abstand zu dem aktuellen Problem: „So schnell schießen die Preußen nicht. Wenn die Bedingungen stimmen, dann lasse ich mit mir reden. Also höre ich mir erst einmal die Forderungen an."

Besseres Durchsetzungsvermögen zu besitzen, das bedeutet außerdem, weniger Angst vor eigenen und fremden Grenzen zu haben. Unsichere Menschen klagen häufig über die Hindernisse, die sie an der „totalen Selbstverwirklichung" hindern. Sie fühlen sich vor allem dadurch provoziert (oder benachteiligt), daß andere Menschen nicht so sind wie sie; daß der Mieter im zweiten Stock keine Klavierübungen um Mitternacht erleben will oder daß nicht jeder von „Linsen mit Spätzle" begeistert ist. Wer sich selbstbewußt verhält, der akzeptiert die Unterschiede zwischen den Menschen – weil er ebenso respektiert werden möchte.

Deshalb kann er auch Kompromisse schließen, ohne fremde Wünsche und Ansichten gleich als persönlichen Affront zu empfinden. Was in Beziehungen bedeutet, den Partner loszulassen, um ihn zu halten; wer klammert, der erdrückt die Gefühle und versucht damit, die Persönlichkeit des Gegenübers einzuengen. Nichts ist schlimmer als eine Beziehungskiste, in die sich die beiden Turteltauben dicht an dicht einbetoniert haben. In diesem emotionalen Luftschutzbunker herrscht bald „dicke Luft", man tritt sich gegenseitig auf die Zehen und möchte möglichst bald das Weite suchen.

Erst dann, wenn die starre Kette der Verbindlichkeiten gesprengt wird, kann Verbindendes wieder die Oberhand gewinnen. Und das wäre nur gemeinsam, aber nicht gegeneinander durchzusetzen, was im übrigen nicht nur für das Liebesleben gilt. Wenn in einem Betrieb zuviel Kontrolle herrscht oder die Mitarbeiter wenig persönlichen Spielraum bekommen, dann sinkt die Produktivität ab, und die Zahl der Krankmeldungen steigt an. Auch die besten unternehmerischen Vorgaben erscheinen nämlich als „Druck von oben". Wo die Geschäftsleitung zuviel anordnet, da spüren die Betroffenen das Mißtrauen und die Geringschätzung ihrer Fähigkeiten.

Das verstößt gegen zwei grundlegende Bedürfnisse des Menschen, die gleichzeitig nebeneinander bestehen. Zum einen sucht jeder nach Nähe und menschlicher Wärme, achtet andererseits jedoch auf die Einhaltung des nötigen Sicherheitsabstands. Viele Leute meinen aber, daß das Zusammenleben entweder von vertraulicher Annäherung („Sympathie") oder statt dessen von kritischer Entfernung („Abneigung") bestimmt würde. Ihnen fehlt das bewußte Feingefühl für die gleichwertige Bedeutung der beiden Aspekte, und das führt immer wieder zu Fehleinschätzungen und zu falschen Reaktionen.

Man übersieht vielleicht bei „netten Leuten" ihre Ab-
wehrhaltungen in bestimmten Lebensfragen; etwa in leut-
seligen Verbrüderungsszenen, religiösen Gesprächen oder
gemeinsamen Urlaubsplänen. Andererseits werden bei
„unangenehmen Zeitgenossen" häufig deren zugängliche
Seiten ignoriert, weil sie nicht in das negative Bild zu pas-
sen scheinen: „Jemand wie Herr Müffel ist eben immer unfreundlich!" Wer seine Mitmenschen so schwarzweiß be-
urteilt, der nimmt sie nicht ausreichend wahr, und dann
ist es schwer, etwas bei ihnen zu erreichen.

Vor unangenehmen Überraschungen wird gewarnt:
Auch gute Freunde können recht ablehnend reagieren, sobald man sich bei ihnen ins Fettnäpfchen setzt! Anders als
der Mensch machen Tiere selten solche Fehler, denn sie
haben ein ausgezeichnetes Gefühl für die Gunst der
Stunde. Der Hausdackel setzt deshalb seinen Willen durch,
weil er im richtigen Augenblick treuherzig bettelt, sich
aber still in die Ecke verkriecht, wenn „dicke Luft"
herrscht. Er spürt eben ganz genau, wann er mit seinem
Vorhaben auf wohlwollende Bereitschaft trifft und wann
nicht.

Von Natur aus ist der Mensch mit den gleichen Gaben
gesegnet wie der trick- und listenreiche Vierbeiner. Doch
was das Baby noch an vitalem Durchsetzungsvermögen beherrscht, das wird ihm abgewöhnt, während es zum Erwachsenen „heranreift": der Sinn für das friedliche Miteinander von Eigenliebe und Solidarität, von gegenseitiger
Unterstützung und der Durchsetzung persönlicher Interessen. Durch Normen, Konventionen und Ängste verliert der
einzelne die Fähigkeit zum intuitiven Umgang mit Nähe
und Abstand, er wird dadurch zumindest auf Jahrzehnte
hinaus verunsichert.

Er muß deshalb lernen, sein eingefleischtes Fehlverhalten zu verändern, um sich wieder „instinktsicher" durchsetzen zu können; also ein für ihn befriedigendes Gleichgewicht zwischen dem eigenen Vorteil und den sozialen Verpflichtungen zu schaffen. Das konfrontiert mit einigen un-

bequemen Überlegungen: „Kann ich Erfolg im Leben haben, ohne in falsche Rollen schlüpfen zu müssen? Oder ist es notwendig, Stärke (Unterwürfigkeit) vorzutäuschen, um vorwärts zu kommen?" – „Wie kann ich mich im Alltag verwirklichen, ohne deswegen Krieg gegen meine Mitmenschen zu führen?"

Wenn Sie mit sich unzufrieden sind, dann kommen Sie um eine gründliche Standortbestimmung nicht herum. Das bedeutet, nicht länger nur auf den Alltag zu reagieren, sondern Klarheit zu schaffen, was Ihre innere Freiheit betrifft: „Wieviel Macht über mein Leben billige ich der Umwelt zu?" – „Wer soll bestimmen, wie der Sinn meines Lebens auszusehen hat? Die Eltern, der Berufsverband, die Fernsehwerbung, oder ich?" – „Will ich den Erfolg, auch wenn ich deswegen meine Selbstachtung verliere?" Die Antworten auf diese Fragen bestimmen, wie abhängig Sie sich von anderen Menschen machen wollen, statt Ihre eigenen Interessen zu vertreten.

Das Durchsetzungsvermögen wird um so besser, je sensibler Ihre zwischenmenschlichen Antennen arbeiten. Nutzen Sie deshalb jede Gelegenheit, um ein deutliches Gefühl für die soziale Atmosphäre zu bekommen, um das Bedürfnis Ihrer Gesprächspartner nach Annäherung und Distanz zu spüren: „Wie nahe läßt mich jemand an sich heran? Wie sehr möchte der andere auf Abstand gehen?" – „Ist in dieser Lage eher Zurückhaltung angebracht, um nicht aufdringlich zu wirken? Oder sollte ich mehr Zugänglichkeit zeigen, um nicht abweisend und arrogant zu erscheinen?"

Am besten fangen Sie gleich heute mit dem Training an.

8. Die Gier nach immer neuen Paradiesen

Materielle Freuden machen den Alltag schöner, und viele Lottospieler träumen von den gewonnenen Millionen, weil sie mit der Durchschnittlichkeit ihres Daseins unzufrieden sind. Doch nicht nur Gut und Geld beleben als Glücksbringer die Phantasie der Menschen. Das Füllhorn des Schicksals hat viele begehrenswerte Schätze zu bieten, so glaubt und hofft man jedenfalls: unverwüstliche Gesundheit, strahlende Schönheit und grenzenlose Macht. Alles, was die graue Wirklichkeit reicher, sonniger und vitaler erscheinen läßt, ist hoch willkommen; und wären es auch „nur" die Minuten des befreienden Lachens, wenn der Clown im Zirkus seine Späße treibt.

Die Sehnsucht nach einer besseren Welt, nach der Erlösung aus Unvollkommenheit und Mittelmäßigkeit ist so alt wie die Menschheit selbst. Denn die Erde gleicht manchmal einem Jammertal, und die sauren Wochen wollen einfach kein Ende nehmen. Etwa dann, wenn bei der Beförderung eine jüngere Kollegin bevorzugt wird, der Sieg in der Vereinsmeisterschaft auch beim dritten Anlauf mißlingt oder wenn die Erbtante ihr Haus dem anderen Neffen vermacht hat. Da packt die so Benachteiligten leicht „der große Frust", und sie wünschen sich, daß die Glücksfee erscheint und mit einem Schlag alle Sorgen verschwinden läßt.

Solche Wunschbilder sind nur zu menschlich. Sie werden deshalb von vielen Leuten gehegt, ganz gleich, ob arm oder reich. Die Spekulation auf plötzlichen Wohlstand, auf unerwartete Karrieresprünge und heiße Liebesnächte nimmt ihnen vorübergehend den Druck von der Seele. Sie kommen auf andere Gedanken und schöpfen dadurch neue

Hoffnung auf eine Verbesserung ihrer Lage. So weit, so gut. Doch wenn sich jemand erst daran gewöhnt hat, vor den Anforderungen des Alltags in seine Illusionen zu flüchten, dann verkehrt sich der punktuelle Nutzen in einen dauerhaften Nachteil.

Der Betreffende macht sich nämlich fortlaufend etwas vor und nimmt seine tatsächliche Situation nicht mehr angemessen zur Kenntnis. So sind an diesem Widerspruch zwischen Traum und Wirklichkeit schon viele Lebensläufe und Existenzen gescheitert. Es gibt grundsätzlich zwei Wege, um in das Gefängnis der Selbsttäuschungen zu geraten. Da wäre einmal die Möglichkeit, in die „soziale Hängematte" oder eine chronische Krankheit zu flüchten. Das geschieht zwar nicht bewußt und selten geplant, doch der Zusammenhang ist offenkundig: Viele Patienten zeigen durch ihr Beschwerdebild, wie sehr sie unter dem Leben leiden und wie wenig sie sich selbst eine bessere Zukunft zutrauen.

Die zweite Chance zur Zementierung des inneren Unfriedens besteht in der Teilnahme an einem weit verbreiteten Gesellschaftsspiel. Die Kandidaten versuchen dabei, das Gefühl der inneren Leere mit der Jagd nach dem irdischen Paradies zu betäuben. Dieses Rennen geht so lange weiter, bis das „Gelobte Land" endlich erreicht ist, was natürlich niemals der Fall sein wird. Darum bildet das Millionenheer der Enttäuschten, Ausgehungerten und Abgebrannten die zuverlässige Stammkundschaft einer ganzen Beglückungsindustrie: „Wo, bitte, kann ich schlüsselfertig bekommen, was mir so sehr fehlt?" – „Wer verspricht mir das käufliche Wunder mit Erfolgsgarantie?"

Der Blick in Versandhaus- und Urlaubskataloge, der Gang durch die Einkaufspassagen der Städte und die Seelenmassage der täglichen Fernsehwerbung vermitteln eine klare Botschaft: Wer nicht ständig konsumiert, dem bleibt der Aufstieg vom „armen Sünder" zum erlösten Verbraucher verwehrt. Der Griff zum modisch zusammengerührten Joghurt ist dabei ebenso obligat wie der Besitz des allradgetriebenen Mittelklassewagens oder die Anschaffung des miniaturisierten Camcorders. Die Gemeinde der Zu-kurz-Gekommenen und Nimmersatten kennt keine Ausnahmen, wenn sie darüber entscheidet, wer sich zu ihresgleichen zählen darf.

Deshalb regiert allenthalben der blanke Neid. Denn die Wirtschaftskraft von Freunden, Kollegen und Bekannten provoziert oft genug das Selbstbewußtsein. Zornesrot registriert man den Postkartengruß von Paul und Alice aus dem schicken Urlaub (bereits der dritte in diesem Jahr!), und auch der neue Wintergarten am Nachbarhaus weckt Rachegelüste. Schließlich läßt sich in Dollar, Mark und Franken abschätzen, über welchen Investitionsrahmen die ungeliebten Mitmenschen (sprich Konkurrenten) verfügen – und wie bescheiden sich das eigene Budget im Vergleich dazu ausnimmt.

Kontostand und Kreditrahmen signalisieren den Pegelstand des Sozialprestiges, und der zeitgemäße Luxus verrät dem Insider die Klassenzugehörigkeit des Wohlstandskandidaten. Die Auswahl der richtigen Etiketten gehört zur Etikette des aktuellen Outfits, der Trend zum Zweitkind und Ferienwohnsitz muß überzeugend ausgelebt werden. Aber wehe dem, der in seinem kommerziell durchgestylten Alltag vergessen hat, früh genug in die richtigen Anschaffungen zu investieren! Dann sind der Anzug, das Urlaubsziel, das häusliche Ambiente und die Weltanschauung nur noch „Schnee von gestern".

Wer den Anschluß an die letzten Kapriolen des Zeitgeists verpaßt, so die Angst aller Menschen, die ihr Selbstbewußtsein von der Stange kaufen, der ist einfach „mega out" und zählt nicht mehr. Das ist deshalb so schlimm, weil die Anschaffung solcher Güter weniger der Versorgung mit dem Nötigsten dient, sondern eher ein ritueller Vorgang ist. So soll nämlich aller Welt (und dem eigenen Selbstbewußtsein) bewiesen werden, daß man über die Ausstattungsmerkmale eines „alternativen Junglehrers" oder einer „Frau aus besseren Kreisen" verfügt. Vor allem aber dient der Kaufrausch als vermeintliches Lebenselixier, ohne das die Betreffenden sich vor die Tore des Verbraucherparadieses verbannt fühlen.

Die Suche nach neuem Besitz wird allmählich zur Sucht und damit zur seelischen Beschaffungskriminalität. Ein neuer (stärkerer) Wagen muß her, intelligentere Bücher, edlere Möbel, noch ältere Weine... Das absolute: „Mehr als bisher!" und das gierige: „Was ich besitze, das reicht mir noch lange nicht!" sind die Leitsätze einer Anhäufungswut, die jeden wirklichen Spaß an den schönen Dingen des Lebens vergällt. Nicht der große Haufen der vorhandenen Habseligkeiten ist von Interesse, sondern nur die glanzvolle Schicht, die den Berg weiter vergrößern könnte.

Der Konsum als Weltanschauung ist also genau in dem Punkt gefährlich, der ihn so verführerisch macht: der scheinbaren Erreichbarkeit des immer Besseren. Deshalb glaubt man auch, nicht einfach irgendwann „aussteigen" und damit zum „Habenichts" werden zu dürfen. Das könnte ja schließlich bedeuten, die eigene Identität zu verlieren, die sich im Wert des Vermögens sichtbar ausdrückt – man würde also mit den eigenen Besitztümern aus der Mode kommen und in Bedeutungslosigkeit versinken. Und darum geht der Tanz ums Goldene Kalb immer weiter.

Die Rechnung geht trotzdem niemals auf, weil Ersatzbefriedigungen kein haltbares Glücksgefühl erzeugen können. Dadurch entsteht emotionaler Frust, der sich im Heißhunger auf Schokolade, in Aggressivität gegen die eigenen Kinder oder im hohen Verbrauch von Beruhigungspillen niederschlägt. Spätestens dann, wenn die innere Leere nicht mehr mit Gut und Geld zu kaschieren ist, steht der Sinn nach raschem Gewinn von „höheren Werten" (wie Nächstenliebe, Geborgenheit und Schicksalsgewißheit). Das hat kostspielige Folgen. Denn die Kaufkraft wird in neue Bahnen gelenkt, wovon der Handel mit ideellen Gütern besonders profitiert.

Jetzt schlägt die große Stunde der Touristikkaufleute

und Missionare, der Wahrsager und Gesundbeter. Sie haben ein großes Sortiment an Glücksbringern im Programm und versprechen, die Sehnsucht nach der besten aller Welten zu befriedigen – und zwar in absehbarer Zeit und zum festgesetzten Preis. Die angebotenen Paradiese sind maßgerecht auf die Erlösungsphantasien der Kunden zugeschnitten. Die afrikanische Wildnis wird für den Touristen so hergerichtet, daß sie seinen Vorstellungen von Freiheit und Abenteuer entspricht: Das Camp im Busch hat eine Klimaanlage, die Neger sprechen Hochdeutsch, und die wilden Tiere greifen zuverlässig gegen 17.25 Uhr an.

Wer die richtigen Bedürfnisse seiner Mitmenschen anspricht, der kann mit allem rechnen, vor allem aber in die eigene Tasche. Dies trifft besonders auf die Platzkartenverkäufer und Werbeagenturen des ewigen Wohlbefindens zu, die aus Geschäftsgründen vortäuschen, das Seelenheil ihrer Kundschaft sichern zu können. Denn je trostloser und beschwerlicher das Erdendasein ist, um so sehnsüchtiger spekuliert man auf den Lastenausgleich in einer anderen Welt. Die Eintrittskarte (mit Einlaßgarantie) in das himmlische Paradies, in dem Milch und Honig fließen und die Genüsse kein Ende nehmen – das ist der gewinnträchtige Dauerbrenner im Sortiment aller Fachhändler für Transzendentales.

Das kommerzielle Angebot ist ebenso reichhaltig wie international. Gurus mit neuen und alten Erlösungsprogrammen, mit östlichen wie westlichen Heilslehren präsentieren den exklusiven Zugang zum Jenseits. Schwebend, feuerlaufend und vom Alltag abgehoben lernen die Klienten in stimmungsvollen Wochenendseminaren, daß nur sie zu den wahren Auserwählten für eine bessere Welt gehören. Bei anderen, eher traditionellen Befreiungsangeboten geht es für die Kandidaten weniger heiter zu; hier wird entsagt, gebüßt und exorziert, um sich rechtzeitig ein warmes Plätzchen auf der Reservebank der geretteten Seelen zu sichern.

Die Anwartschaft auf das mundgerechte, am Luxus des

Erdendaseins orientierte Paradies ist jedoch nicht für einen Gotteslohn zu haben. Denn die esoterischen Makler fordern ihren hohen Preis, der aber auf Wunsch in bequemen Monatsraten bezahlt werden kann. In diesem Dunstkreis existieren auch die vielen magischen Ritual- und Devotionalienhändler, die mit Techniken zur Erleuchtung, Geisterbeschwörung und Reinkarnation handeln; häufig sogar im preisgünstigeren Sammelpaket. Und einige Geschäftemacher verpassen einfach den bekannten Entspannungsübungen (etwa dem „Autogenen Training") ein übersinnliches Image, um auf diese Weise beim kommerziellen Seelenpoker mitzumischen.

Wer nur aus metaphysischer Habgier statt aus dem Bedürfnis nach Sinngebung an jenseitigen Fragen interessiert ist, der wird zwangsläufig ein Opfer der Bauernfänger. Doch sie bieten ebensowenig einen Zugang zum ersehnten Garten Eden wie das goldene Tor des materialistischen Schlaraffenlands. Konsum und esoterische Schwärmereien sind nichts als unfruchtbare Scheinlösungen für den, der eigentlich nach innerem Reichtum sucht. Deshalb breitet sich bei dem Betreffenden ein Gefühl der Sinnlosigkeit aus, und die Enttäuschung über die ausbleibende Befreiung aus den Niederungen des Alltags wirkt wie eine psychische Zeitbombe.

Sie zündet mit dem Versuch, die letzte Fluchtmöglichkeit in ein künstliches Paradies zu unternehmen. Wenn nämlich der Widerspruch zwischen Wunsch und Wirklichkeit zu unerträglich wird, dann erfüllen Alkohol, Medikamente oder Drogen die Funktion von falschen Tröstern. Mit ihrer Hilfe wird der Alpdruck auf der Seele gelindert, und wenigstens vorübergehend erstrahlt die Welt (und mit ihr die eigene Persönlichkeit) wieder im hellen Glanz. Bis die Ernüchterung eintritt, haben die Sorgen des Lebens Sendepause und vergehen im Rausch. Und der Katzenjammer, den der Entzug hervorruft, kann häufig durch die Zufuhr von neuem Stoff beseitigt werden.

Der Einstieg in die betäubende Abhängigkeit ist darum

die leichteste Übung, die es gibt. Die nötigen Hilfsmittel lassen sich in den meisten Fällen ohne Probleme organisieren, und es gibt genügend Helfer bei ihrer Beschaffung. Denn der Griff zur Beruhigungspille und zur Flasche ist gesellschaftlich abgesegnet, und der Staat profitiert überdies von der Alkohol- und Nikotinsteuer. Wein und Bier werden an jeder Ecke verkauft, selbst Kinder haben keine Schwierigkeiten mit dem Nachschub; und irgend jemand verschreibt schon die Großpackung an Psychopharmaka...

Viele Menschen müssen diesen Weg ins biochemische Abseits aber nicht so bald einschlagen; selbst wenn sie versucht sind, nach dieser Alternative bei nächster Gelegenheit zu greifen. Vielleicht reicht es vorerst aus, erst einmal die übrigen Möglichkeiten zur Traumtänzerei gründlicher auszuschöpfen. Man beginnt am besten damit, an der Dürftigkeit und Sinnlosigkeit des eigenen Lebens herumzumäkeln, es wird einem schon jeden Tag etwas Geeignetes einfallen. Mit etwas Engagement und bei regelmäßiger Übung sind die eindrucksvollsten Ergebnisse zu erzielen.

Schließlich gibt es so viele schöne Dinge, die man noch nicht hat, und so herrliche Aussichten, die einem bislang verwehrt worden sind – die der Nachbar und Kollege aber besitzt! Der entsprechende Wunschzettel ist endlos lang und läßt sich auch immer noch erweitern; er beginnt mit einem fünfzehnten Monatsgehalt, berücksichtigt den neuen Sechszylinder und endet mit dem kleinen Ferienhaus am Strand von Hawai. Das sollte reichen, um jedes Wohlbefinden mit bohrenden Neidgefühlen zu vertreiben. Wer sich besonders unwohl fühlen will, der schaltet zusätzlich den transzendentalen Nachbrenner ein: „Und wer führt mich heraus aus diesem Jammertal?"

Umsonst ist bekanntlich nur der Tod, und der ist ja nun wirklich (und in jeder Hinsicht) das Letzte. Also überprüfen Sie bitte, ob Sie für den täglichen Wohlstand genügend Opfer bringen. Legen Sie sich krumm und verausgaben Sie sich wirtschaftlich, um möglichst häufig größere Anschaffungen zu tätigen und jede neue Mode mitzumachen.

Hauptsache, Sie bleiben hart am Pulsschlag des Konsums! Es geht ja nun wirklich nicht, daß Sie sich bereits im Besitz ausreichender Annehmlichkeiten wähnen und deshalb Ihre Investitionsbereitschaft sträflich vernachlässigen.

Wer also glaubt, in seinem Leben zu kurz gekommen zu sein, der sollte seine Glücksbilanz mit unangenehmen Fragen verderben und keinen Zweifel an seinem Defizit lassen: „Wie bekomme ich denn jemals alles das, was ich jetzt noch nicht besitze?" – „Warum geht es nur allen anderen Menschen soviel besser als mir?" – „Wer gibt meinem Dasein endlich einen Sinn, damit ich mich wieder freuen kann?" Es genügt, Ausschau nach den esoterischen Werbetrupps und den Angeboten der erleuchteten Glücksbringer zu halten. Dann dauert es nicht mehr lange, bis Sie in die Fänge Ihrer Erlöser geraten sind. Man wartet nämlich schon auf Sie (und auf Ihr gutes Geld)!

Sollte das tägliche Befinden trotzdem noch befriedigend bleiben, dann müssen Sie wohl oder übel eine stärkere Gangart einlegen. Konzentrieren Sie sich ganz auf die Lösung grundlegender Fragen: „Warum kann ausgerechnet ich mir den Eiffelturm nicht leisten?" – „Warum bin ich im vorigen Leben nicht der Maharadscha von Eschnapur gewesen?" Wenn Sie es schaffen, von diesen Problemen Tag und Nacht verfolgt zu werden, dann geht es Ihnen schlecht genug. Nehmen Sie ein paar Beruhigungspillen und leeren Sie dazu eine Flasche Cognac auf Ihr Unwohl!

9. Die Diktatur der Versicherungszwänge

Die Welt ist voller Unsicherheiten und Zerstörung. Kriege, Seuchen und Naturkatastrophen überziehen ganze Regionen. Über das Fernsehprogramm nehmen wir bequemen Anteil am Unheil unter den Völkern; selbstverständlich live, ohne Zeitverzögerung und in optimaler Bildqualität. Der Vernichtungskrieg gegen die Kurden, die Not der ukrainischen Arbeiter oder das schlimme Erdbeben in Südamerika flimmern an einem Abend über den Bildschirm. Das ist aktuelle Betroffenheit frei Haus und ohne Nebenwirkungen. Die hiesigen Zuschauer nehmen Anteil am Elend der anderen, bleiben aber von den Folgen verschont.

Das seit über 40 Jahren friedensverwöhnte Mitteleuropa wirkt wie eine paradiesische Insel, auf der Not, Tod und Verzweiflung seltener als anderswo ihr Unwesen treiben. Deshalb leben hier die Menschen aber nicht unbedingt glücklicher. Sie leiden vielmehr an jenen Sorgen, die dem eigenen Alltag entspringen. Man mag dieses Verhalten angesichts der großen Probleme auf der Welt bedauern oder verurteilen. Aber wenn jemand um den Erhalt von Gesundheit, Vermögen oder Zuneigung bangt, dann schweigen seine Gefühle nicht deswegen, weil in Äthiopien oder Kolumbien die Sorgen größer sind.

Jeder, so der häufige Eindruck, ist sich selbst der Nächste. Dann nämlich, wenn es (vermeintlich oder tatsächlich) um den Erhalt der Sicherheit und um das Überleben geht. Direkt vor der Haustür lauern genügend Gefahren, die das Wohlbefinden bedrohen können; und niemand ist in der Lage, sich vollständig dagegen zu schützen. Das beginnt bei den Unfallrisiken im Straßenverkehr, geht weiter mit der unverschuldeten Arbeitslosigkeit und reicht bis zu den Folgen der Umweltverseuchung. Auch brutale Gewalt ist zunehmend im Spiel: Krawalle bei Sportveranstaltungen, terroristische Anschläge und gewalttätige Demonstrationen fordern ihre blutigen Opfer.

Mancherorts macht deshalb das ebenso gefürchtete wie geflügelte Wort wieder die Runde, man könne „nachts nicht mehr allein über die Straße gehen". Da werden strengere Gesetze, drakonische Strafen und ein härteres Durchgreifen der Ordnungskräfte gefordert, um die „öffentliche Sicherheit" wiederherzustellen. Auch der Ruf nach einem „starken Mann", der diktatorisch die Probleme aus der Welt schafft, ist in solchen Augenblicken zu hören. Die scheinbare Ohnmacht gegenüber den Zerstörern der heilen Alltagswelt erzeugt bei den Betroffenen ein Gefühl der Lähmung und ruft gleichzeitig starke Aggressivität hervor.

Denn die Angst vor beständiger Ungewißheit ist ein Zustand, den die meisten Menschen nur schwer ertragen können, auf jeden Fall aber nicht lange durchleben wollen. Sie erzeugt eine Streßreaktion, die zur nervösen Erregung von Körper, Geist und Gefühlen führt. Das gilt für besonders gute wie für ausnehmend schlechte Lebenslagen, denn großer Ärger hat ähnliche Folgen wie intensive Freude; das Herz schlägt schneller, der Atem wird rascher, die Durchblutung ändert sich. Wenn Verliebte erröten oder Choleriker einen „geschwollenen Kamm" bekommen, dann hat das in beiden Fällen die gleichen physiologischen Hintergründe.

Was da geschieht, das ist die Auswirkung eines Großalarms, der automatisch den ganzen Menschen unter Hochspannung setzt: „Vorsicht, das innere Gleichgewicht wird gestört!" Es handelt sich hier um ein Überlebensprogramm, das in Bruchteilen einer Sekunde alle wichtigen Lebensfunktionen für die Reaktion auf einen Extremfall vorbereitet. Der einzelne stellt sich mit Leib und Seele darauf ein, den „Dysstreß" (die negative Belastung) zu bewältigen und den „Eustreß" (die positive Anspannung) intensiv zu genießen – also Sicherheit im Umgang mit diesen Situationen zu bekommen und großen Anforderungen gewachsen zu sein.

Manchmal sind Aufregungen ja die Würze des Lebens. Wer erinnert sich nicht gern an das starke Herzklopfen in der Vorfreude auf die Geburtstags- und Weihnachtsgeschenke? Oder an die unruhigen Stunden vor einem heißersehnten Rendezvous, die so qualvoll langsam verstrichen sind und gleichzeitig voller schöner Tagträume waren? Auch die letzten Minuten eines Kriminalfilms oder eines Pokalspiels können gerade durch die Ungewißheit des Ausgangs zum erregenden, aber wohltuenden Nervenkitzel werden. Doch leider sind die Beispiele für die positiven Seiten der Unsicherheit schnell erschöpft.

Da strapaziert der ungewisse Ausgang einer Prüfung schon weit mehr. Denn in den schlaflosen Nächten vor dem entscheidenden Termin machen sich Versagensängste und Zweifel an den eigenen Fähigkeiten breit. Mit großer Unruhe fiebert man auch dem Ergebnis eines Vorstellungsgesprächs oder einer wichtigen medizinischen Untersuchung entgegen: „Wie gut habe ich wohl abgeschnitten?" – „Wie miserabel sind meine Aussichten?" – „Was wird nur aus mir, wenn sich die schlimmsten Erwartungen bestätigen?" Der potentielle Mißerfolg und die mögliche Einbuße an Vitalität lösen psychische Erdbeben aus, die das Fundament des Selbstvertrauens erschüttern.

Hier schlägt die große Stunde jener Spezialisten, die vollmundig versprechen, dem Glück ein wenig nachzuhelfen. Dazu gehören etwa die „guten Freunde", die Doktortitel verkaufen oder bei entsprechender Gegenleistung versprechen, „ihre Beziehungen spielen zu lassen". Doch auch das große Heer der Versicherungsvertreter lebt davon, daß ein großes Bedürfnis nach Schutz vor dem Risiko besteht. Vom Kleinwagen über die Schaufensterscheibe bis zum Zahnersatz kann alles abgesichert werden, der Öltanker hat ebenso seinen Schadenstarif wie der international gefeierte Starbusen.

Es ist sicher gut und vernünftig, die Folgen von Unheil und Schicksalsschlägen nicht ganz unvorbereitet einstecken zu wollen. Doch immer wieder entsteht der Eindruck, daß manche Menschen solche Verträge als Garantie dafür betrachten, daß ihnen kein Unglück zustößt. Sie suchen wohl einen juristischen Talisman für beständige Unverletzlichkeit: „Weil ich gegen hohen Blutdruck, Hagelschlag und böswillige Nachbarn versichert bin, können mir diese Übel doch nichts mehr anhaben!" Also bleibt wohl das neue Auto von Unfällen verschont, und die preisgekrönte Traumfigur widersteht allen erschlaffenden Einflüssen von Alter und Natur...

Diese Erwartungshaltung ist wohl auch der Grund, warum sich viele Leute in Gesundheitsfragen eher auf die Leistungen der Krankenkasse als auf ihr eigenes Verhalten verlassen. „Schließlich", so meint der Betreffende, „habe ich es schwarz auf weiß, daß irgend jemand den Beinbruch repariert, das Übergewicht verschwinden läßt und den Streß beseitigt." Und wenn der Arzt keinen Erfolg hat, das Medikament zu wenig hilft oder die Klinik nicht den Erwartungen entspricht, dann wird eben so lange weitergesucht, bis der Schaden behoben ist: „Das ist doch mein gutes Recht. Wozu habe ich sonst meine Beiträge bezahlt?"

Es gibt aber Unruheherde, die im eigenen Inneren brodeln und gegen die sich niemand mit äußerer Hilfe absichern kann. Etwa bei dem schmerzlichen Gefühl, von einem vertrauten Menschen in einer schwierigen Situation allein gelassen worden zu sein oder die ungerechte Behandlung durch den Chef nicht aushalten zu können. Hierzu zählen auch alle jene persönlichen Veränderungen, die als vermeintliches (und damit bedrohliches) Versagen erlebt werden – das Nachlassen des Gedächtnisses, die Schwächen bei der Durchsetzung von Lebenszielen, das gelegentliche Ausbleiben der sexuellen Erregung.

Solche Erfahrungen gefährden dann das seelische Gleichgewicht. Die Gefühle suchen nach Ersatz für die verloren geglaubte Sicherheit, und häufig kommt es deshalb zur Flucht in materielle Werte. Da wird in klingender Münze, in teuren Vergnügungen oder in Grund und Boden berechnet, wie beständig die eigene Persönlichkeit (noch) ist. „Ich überlebe, solange ich mir etwas leisten kann", so lautet die Devise; beim Essen und Trinken, beim Mode- und Autokauf oder bei der Urlaubsbuchung. Und weil das Selbstvertrauen angeschlagen ist, müssen die greifbaren Beweise für den Bestand des Wohlergehens schon sehr üppig sein.

In der Fassadenwelt der Wohlstandsgesellschaft wird materiell hochgestapelt, um eine feste Burg des Daseins zu simulieren. Doch dieses Kartenhaus bietet dem angeschlagenen Selbstvertrauen nur eine bescheidene Notunterkunft. Der goldene Lack ist zu dünn aufgetragen, die natürliche Persönlichkeit darunter bleibt weiter grau und ungeschützt. Trotzdem (oder gerade deswegen) streben viele Leute hartnäckig weiter nach äußerlicher Absicherung. Sie trauen sich selbst immer weniger zu, und darum ist jeder weitere Schritt in diese falsche Richtung ein Akt der Selbstbestrafung.

Hier wird aber nicht nur nach Gut und Geld gesucht. Bei jedem Einkauf bekommt der Kunde viel Zuwendung durch das Ritual von Handel und Beratung. Freundliche Behandlung und Anerkennung werden vom Verkäufer als Bestandteil seiner Dienstleistung mitgeliefert. Unsichere Menschen versuchen, das Personal in Geschäften und Gaststätten emotional auszubeuten; sie treten „großkotzig" auf, neigen zu Beschwerden und Reklamationen. So wollen sie das Bewußtsein erkaufen, beliebt, bedeutungsvoll oder überlegen zu sein. Die Erpressung hat ihren kühl kalkulierten Hintergrund: Schließlich können sich die Betroffenen nicht wehren, weil sie ja ein Geschäft machen wollen...

Das ist nicht der einzige Holzweg bei dem Versuch, die eigene Selbstsicherheit zu fördern. Bewährt ist auch die Scheinlösung einer beruflichen oder politischen Karriere, die den Ausgleich für Enttäuschungen und Minderwertigkeitsgefühle bringen soll. In jeder Firma, in allen Parteien und Verbänden gibt es genügend Leute, die sich vor Konkurrenzneid fast zerfressen. Sie unternehmen große Anstrengungen, um das Gefühl zu bekommen, andere in den Schatten zu stellen; also erfolgreicher oder cleverer zu wirken als die Mitmenschen.

Der beliebteste Tummelplatz für die Ausgestaltung von Profilneurosen ist jedoch die „gemeine Vereinsmeierei". Sie bietet Ämter und Auszeichnungen für alle, denen es sonst im Leben an Aufwertung und Selbstbestätigung mangelt – sei es durch den Vorstandsposten bei den Kleingärtnern, durch die Ehrennadel des Golfclubs oder den 3. Platz beim internationalen Wettbügeln. Solche sozialen Dekorationen vermitteln den Betreffenden das untrügliche und heißersehnte Gefühl von Bedeutsamkeit. Entsprechend ernsthaft wird um derlei Anerkennungen gerungen und an den einmal erlangten Würden geklebt.

Das Gefühl der persönlichen Sicherheit kommt jedoch nur kurzfristig über den Umweg sozialer Erfolge zustande. Es muß von innen heraus dasein, sonst bringt auch der tausendste Versuch der Fremdbeschaffung nicht den gewünschten Erfolg. Weder durch den beruflichen Aufstieg, noch bei Bezirksmeisterschaften oder im Präsidium des Fechtclubs kann ausgeglichen werden, was an Selbstvertrauen fehlt. Erfolgserlebnisse in der menschlichen Außenpolitik verblassen in diesen Fällen sehr schnell. Ihre Wirkung hält sich ebenso in Grenzen wie bei einem Medikament, das eingenommen wird, um die eigenen Schwächen in einem rosaroten Nebel verschwinden zu lassen.

Das gilt ganz besonders für alle Fragen, die die Zukunft und den Sinn des Daseins betreffen: „Wie soll ich denn jemals wieder einen Partner finden, der so ein wunderbarer Mensch ist?" – „Was fange ich mit mir an, wenn man mich mit 63 Jahren in die Rente schickt?" – „Hat es sich wirklich gelohnt, für den Verein und den Berufsverband so viel Zeit zu opfern, statt das Privatleben zu genießen?" Wenn hier ein Vakuum entsteht und bestehen bleibt, dann fällt jemand in ein seelisches Burgverlies und wird deshalb krank. Es kommt zu psychosomatischen Beschwerden und zur Verschlimmerung von chronischen Leiden.

Schließlich könnte das „Lebenswerk" bedroht sein, das sich rentiert haben und den Betreffenden womöglich noch überdauern soll. Da kommt die Angst auf, in die Dankbarkeit der eigenen Kinder oder in Sachwerte nicht ausreichend genug investiert zu haben. Vielleicht verfallen eines Tages die Immobilienpreise, und das Einfamilienhaus verliert entscheidend an Wert. Oder der einzige Sohn will das elterliche Geschäft doch nicht übernehmen, und der Vater fragt sich, für wen und was er nur so schuften mußte. Und dann verdirbt vielleicht das Rheuma die Freude an dem Ferienhäuschen, auf das man viele Jahre lang gespart hat...

Der Horror vor der Vergänglichkeit fördert die Sehnsucht nach Absicherung gegen Armut, Krankheit und Bedeutungsverlust. Manche Leute wittern da ihr gutes Geschäft. Und mit dem Bedürfnis nach der Unzerstörbarkeit von Vitalität und Besitz ist in der Tat viel Geld zu machen. Die Vermarktung der Verzweiflung ist zudem eine krisensichere Goldgrube; je schlechter die Zeiten sind, um so stärker wächst der Umsatz. Die Bandbreite solcher Dienstleistungen ist groß. Man verkauft Seminare zur magischen Beseitigung von Nebenbuhlern, organisiert Wallfahrten nach Lourdes und Charterflüge zum Potenzspezialisten in Thailand.

Je hilfloser sich die Menschen fühlen, um so bereitwilliger werden sie zu Dauerkunden der gefälligen Seelentröster. Die Suche nach immer besseren Vermögens-, Vitalisierungs- und Erlösungsprogrammen ist meist erst dann zu Ende, wenn das Kapital und häufig auch die Kraft aufgebraucht sind. Der Kampf um die eigene Sicherheit geht genauso aus, wie er einmal begonnen hat: als vergeblicher Versuch, die gestörte Harmonie des Daseins zu retten. Denn was das kleine Kind an fehlender Zuwendung und emotionaler Kälte erleiden mußte, das wird zum Motor jener Angst, mit der sich der Erwachsene an Besitz und Anerkennung klammert.

Sie scheinen den greifbaren Nachweis dafür zu liefern, daß der Betreffende im Leben nicht zu kurz kommt. Darum werden alle Zuwendungen gehortet, deren man habhaft werden kann, ohne daß dadurch jedoch der seelische Hunger zu stillen und die Unsicherheit zu besiegen wären. Und deshalb nimmt auch das raffgierige Verhalten mit den Jahren immer weiter zu. Wozu hätte das Dasein schließlich genützt, so der beherrschende Gedanke, wenn es sich im Alter nicht entsprechend auszahlt – in der Liebe der eigenen Kinder, dem Guthaben auf dem Konto oder der öffentlichen Anerkennung durch Stadtrat und Kirchengemeinde?

Sollten Sie das Gefühl haben, daß Ihnen das Schicksal nicht wohl genug gesonnen ist, dann wird es höchste Zeit für ein Notstandsprogramm. Gehen Sie ab heute auf die tägliche Jagd nach Schwachstellen und Gunstbeweisen: „Gegen welche Gefahren könnte ich noch nicht versichert sein? Wer schützt mich gegen Inflation, Erdstrahlen und Cellulitis?" – „Wie muß ich meine Angehörigen, Vereinskameraden und Arbeitskollegen bestechen, damit sie mich ständig lieben?" Seien Sie bei der Überprüfung solcher Fragen nicht zu nachlässig, sonst droht vielleicht schon morgen der Absturz in die Katastrophe!

Für den Fall, daß Ihre Ängstlichkeit trotzdem nicht stark genug ist, um Ihnen jeden weiteren Spaß am Leben zu verderben, hilft nur noch eine Roßkur. Konfrontieren Sie sich ständig mit den letzten Rätseln eines frustrierten Materialisten: „Wie läßt sich mein gewohnter Lebensstandard ins Jenseits hinüberretten?" – „Was muß ich tun, um für alle Zeiten berühmt und unvergessen zu bleiben?" – „Welcher Guru oder welche Kirche vermitteln sichere Platzkarten für das Paradies?" Wer nicht zufrieden ist, bis diese Probleme bewältigt sind, der hat sein großes Ziel erreicht – er bleibt fortlaufend frustriert und unsicher.

10. Wie sorge ich am besten für mein Wohl?

„Jeder", so behauptet ein Sprichwort, „ist seines Glückes Schmied." Doch die Lebenserfahrung scheint solche Weisheiten immer wieder Lügen zu strafen. Denn wie es aussieht, beeinträchtigen äußere Hindernisse allzu häufig das persönliche Wohlbefinden. Da verdirbt ein mißgünstiger Chef die Personalakte (und damit das berufliche Vorwärtskommen); die vereinsamte Mitbewohnerin lauert an der Wohnungswand, um jeden Musikgenuß schon bei Zimmerlautstärke mit ihrem Gezänk zu stören. Und die „guten Freunde" im Sportverein warten nur darauf, ein verdientes Vorstandsmitglied per Intrige aus dem Amt zu katapultieren.

Bisweilen entsteht deshalb eine starke Wut über das so erlittene Unrecht und auf die vermeintliche Böswilligkeit der Mitmenschen: „Warum muß ausgerechnet ich mit diesem Widerling zusammenarbeiten?" – „Wieso wohnt eine solche Nervensäge gerade hier und nicht im nächsten Haus?" Wenn jemand die Anhäufung solcher Unannehmlichkeiten in einen logischen Zusammenhang bringt und damit als „Pechsträhne" erlebt, dann leidet er bald schon unter den ersten Symptomen des Verfolgungswahns.

Es plagt ihn nämlich zuerst der Verdacht und später die feste Gewißheit, im Leben nur deshalb nicht voranzukommen, weil sich alle Welt gegen ihn verschworen hat. Er schaut zugleich neidisch und gekränkt auf jene Zeitgenossen, die anscheinend so überreich (und unverdient!) begünstigt wurden; wie etwa der wenig talentierte Schulkamerad, der später eine Bilderbuchkarriere machte, oder die „graue Maus aus der 8. Klasse", die heute in besten Verhältnissen lebt. Der Erfolg der anderen wird zunehmend als Bestrafung der eigenen Person gedeutet. „Wo bitte", fragt darum die innere Stimme, „wo bleibt da die Gerechtigkeit?"

Wer vor allem auf die Gunst des glücklichen Zufalls setzt (und immer wieder mit dessen Unberechenbarkeit hadert), der hält zu wenig von seinen persönlichen Fähigkeiten. Denn er glaubt, den Verlauf des Schicksals aus eigener Kraft kaum beeinflussen zu können und statt dessen von fremden Personen und deren Macht abhängig zu sein: „Wenn jemand anders meine Karriere (meine Zukunft, meine Beliebtheit…) verderben will, dann habe ich selbst keine Chance, zum Erfolg zu kommen!" – Die Verantwortung für das persönliche Wohlergehen (oder Mißgeschick) wird also weitgehend an die Mitmenschen delegiert.

Nach dem Motto: „Der einzelne ist nichts, die Gemeinschaft dagegen alles" erwartet der Betreffende von der Umwelt und den Mitmenschen die Sicherstellung seiner Lebensqualität. Solche Passivität ist nicht nur das Ergebnis individuellen Fehlverhaltens, sondern hat ihre soziokulturellen und politischen Hintergründe. Die Förderung dieser Hilflosigkeit ist nämlich ein traditionelles Anliegen von Ideologen der unterschiedlichsten Ausrichtung, und zwar aus triftigen Gründen: Unselbständige Staatsbürger und schuldgeplagte Gotteskinder gelten als willfährige soziale Modelliermasse für Diktatoren jeder Art.

Die häufig beklagte, überzogene Anspruchshaltung der Bürger in materiellen und sozialen Fragen ist nicht selten die Folge von anerzogener Unmündigkeit. Wer etwa an Stelle eigener Bemühungen nach staatlichem Schutz gegen jedes Risiko oder nach Garantien für andauernde Berufserfolge ruft, dem mangelt es letztlich an ausreichendem Selbstvertrauen. Denn es geht hier nur vordergründig um den Wunsch nach Absicherung des monatlichen Einkommens oder um den Zugewinn an gesellschaftlicher Anerkennung. Auf dem Spiel stehen vielmehr die Angst vor der Minderung und die Hoffnung auf die Stärkung des Selbstwertgefühls, und zwar in Abhängigkeit von der Umwelt: „Erst wenn andere für mich sorgen und mich schätzen, dann bin ich auch etwas wert!"

Diesen Menschen fällt es schwer, von sich aus für eine Verbesserung des eigenen Wohlbefindens zu sorgen – auch (und gerade) gegen den Widerstand und trotz der Gleichgültigkeit der Mitmenschen. Alle Aktivitäten in dieser Richtung werden nämlich durch tiefgreifende Selbstzweifel behindert, die schon in den ersten Lebensjahren entstanden sind. Das wirkt sich dann zum Beispiel bei der Bewerbung um einen neuen Posten aus. Da kommt plötzlich die Sorge auf, daß die persönliche Qualifikation völlig unzureichend ist; es ist vermessen, so der ängstliche Gedanke, einfach „nach den Sternen zu greifen", und eigentlich müßte man dem (natürlich viel geeigneteren!) Konkurrenten den Vortritt lassen...

„Kann und darf ich mir überhaupt so viel zutrauen – oder überschreite ich damit die Grenzen, die mir gesetzt sind?" Mit dieser bangen Frage plagen sich alle Menschen, die befürchten, daß sie einer Herausforderung am Arbeitsplatz oder in der Familie nicht gewachsen sind; und häufig wachsen sich diese negativen Gedanken zur grundsätzlichen Kritik an der eigenen Persönlichkeit aus: „Wenn auch in diesem Jahr aus der Beförderung nichts wird, dann bringe ich beruflich nichts mehr zustande." – „Solange sich meine Kinder so eigensinnig und aufmüpfig verhalten, bleibe ich als Vater ein totaler Versager."

Es ist nicht schwer, solche (Vor-)Urteile zu pflegen und sie allmählich zu einer persönlichen Überzeugung zu machen, die schließlich zum Werturteil über den ganzen Menschen wird. Die negative Gesamtbilanz ist ohne Rücksicht auf vorhandene Fähigkeiten und Begabungen das Spiegelbild von unerfüllten Wünschen und enttäuschten Hoffnungen: „Was hat mein Leben schon für einen Sinn gehabt, wenn ich kein Prokurist (Vereinsvorsitzender, Schützenkönig) geworden bin?" Doch auch jemand, der sich unglücklich fühlt, ist in Wirklichkeit ein wahrer

Überlebenskünstler. Allen Hindernissen und Schwierigkeiten zum Trotz ist der Betreffende bis heute immer noch über die Runden gekommen, ohne an den Klippen des Alltags endgültig zu scheitern.

Er hat das Sprechen, das Denken und den aufrechten Gang erlernt, hat soziale Beziehungen geknüpft und im Lauf der Jahre viele schwierige Situationen gemeistert. Angesichts aller Hindernisse des Lebens, von der Gefährdung durch Krankheiten und Wirtschaftskrisen bis hin zu den Risiken des modernen Straßenverkehrs, ist das eine ansehnliche, sogar imponierende Leistung. Und diese Feststellung gilt auch für den Fall, daß der einzelne aufgrund seiner Selbstzweifel nicht glaubt, bislang überhaupt etwas Nennenswertes zustande gebracht zu haben. Doch solche „objektiven" Beweise bringen einem unglücklichen Menschen keinen Trost.

Allein der subjektive Blickwinkel entscheidet nämlich bei den meisten von uns darüber, ob sich jemand vom Leben benachteiligt oder vom Schicksal vernachlässigt fühlt. Das bedeutet: Wir wählen aus allen vorhandenen persönlichen Eigenschaften und Aspekten des Alltags immer nur einige wenige aus und beurteilen auf ihrer Grundlage den Wert und Unwert des Daseins. So kommt es dann, daß ein begabter Schüler an sich schier verzweifelt, weil er glaubt, wegen seiner Pickel von allen Mädchen abgelehnt zu werden – oder daß ein vermögender Geschäftsmann errötet, sobald er einen hochdotierten Scheck oder einen Vertrag unterschreiben muß.

Die Ursache solcher Probleme liegt häufig in den ersten Lebensjahren; und zwar als Reaktion auf den Versuch von Eltern und sonstigen Bezugspersonen, bei Kindern genau jene Eigenschaften zu fördern (und zu fordern), die sie selbst für wichtig halten. Das kann für die weitere Biographie durchaus vorteilhaft sein, aber auch zur schweren Belastung werden. Nämlich dann, wenn die Erwachsenen ihre Vorstellungen ohne Rücksicht auf die Persönlichkeit des jungen Menschen durchsetzen wollen. „Meine Tochter soll eine gute Eisläuferin werden", meint die ehrgeizige Mutter und dressiert ihre Jüngste ohne Rücksicht auf emotionale Schäden zum sportlichen Automaten.

„Ich erwarte, daß du einen ordentlichen Beruf erlernst", ermahnt ein Vater seinen Sohn. „In unserer Familie gibt es gestandene Handwerker und Kaufleute, aber keine Künstler! In deiner Freizeit kannst du meinetwegen Klavier spielen." Wenn es zwischen Eltern und Kinder deswegen zum Konflikt kommt, dann versuchen viele Erwachsene, die Kapitulation der „lieben Kleinen" zu erzwingen. Der Nachwuchs wird „zur Vernunft gebracht" oder ertrotzt sich, wenn überhaupt, nur unter großen seelischen Schmerzen den eigenen Weg. Mit schwerwiegenden Folgen: Die als übermächtig erlebten autoritären Normen graben Leistungszwänge und Versagensängste in die Persönlichkeit ein und schwächen vielleicht für Jahrzehnte das Selbstbewußtsein.

Dadurch könnte sich das anscheinend so widersprüchliche Verhalten des erfolgreichen Unternehmers erklären, der unsicher reagiert, wenn er „nur" eine Unterschrift zu leisten hat. Hier wirkt vielleicht die emotionale Ablehnung nach, die er als „ehelicher Betriebsunfall" erleiden mußte. Besonders vom Vater und vom Großvater wurde der kleine Junge damals als „Störenfried" und „Versager" abgestempelt. In den folgenden Jahrzehnten gelang es ihm zwar, viele Herausforderungen des Lebens zu meistern und so seine Leistungsfähigkeit unter Beweis zu stellen. Doch es blieben einige Schlüsselsituationen übrig, in denen die in der Kindheit erlebte Hilflosigkeit und Minderwertigkeit immer wieder zutage trat.

Das Ausmaß des Selbstzweifels hängt offenbar davon ab, wie bedrückend und ausweglos jemand seine Unterlegenheit gegenüber anderen Personen empfindet. Und nur diese schmerzlichen Erfahrungen werden in der Persönlichkeit als wahr und gültig abgespeichert. Das führt gleichzeitig zur emotionalen Anerkennung der dazugehörigen Vorurteile („Geld allein regiert die Welt") und Verurteilungen ("Als armer Schlucker taugst du nichts"). Manche Menschen kämpfen dann vielleicht ihr Leben lang darum, die (scheinbare?) Ablehnung der Umwelt und ihre inneren Ängste mit großen Willensanstrengungen zu besiegen.

„Wenn ich mich nur genügend anstrenge und besser kontrolliere", so die häufig gehörte Meinung, „dann wird dieses Problem endlich verschwinden." Aber das Gegenteil ist der Fall, jeder versuchte Kraftakt zur Bezwingung der eigenen Schwächen führt zum Mißerfolg. Der Verstand allein kann das Ich aus dem Käfig der negativen Gefühle nicht befreien – und solange sie bestehen bleiben, kommt es (etwa beim Unterschreiben eines Schecks) immer wieder zu unsicherem Verhalten. Man fühlt sich beobachtet und errötet, die Muskeln sind verkrampft, und die Unterschrift verunglückt...

Was also ist zu tun, um die psychischen Widerstände auf dem Weg zur Steigerung des Wohlbefindens erfolgreich zu meistern? Wie können jene „bösen Geister" vertrieben werden, die fortwährend für seelischen Unfrieden sorgen und das Wachstum des Selbstbewußtseins behindern?

Wer unter chronischer Migräne leidet, der liefert ein gutes Beispiel für den Weg in die Sackgasse von selbstschädigenden Gewohnheiten. Der Schmerz blockiert Leistungsfähigkeit und Lebensfreude; das Konzentrationsvermögen und die Entspannungsfähigkeit nehmen ab, im Umgang mit anderen Menschen wird man gereizter. Je häufiger die Beschwerden auftreten, um so hilfloser fühlt sich der Patient der Willkür seines Körpers ausgeliefert. Allmählich schwindet das Vertrauen in die eigene Vitalität, die Aufmerksamkeit konzentriert sich immer stärker auf die Wahrnehmung von Unzulänglichkeiten und Fehlschlägen.

Diese negative Entwicklung ist zwar verständlich, aber ebenso einseitig wie unvollständig. Gerade eine langjährige Krankheitsgeschichte beweist doch, wie belastbar und überlebensfähig der einzelne trotz aller Schmerzen ist. Eine Veränderung der Lage verlangt also die Verschiebung der Aufmerksamkeit: Zur Linderung der Beschwerden und zur Verbesserung des Befindens kommt es nur dann, wenn sich jemand wieder stärker auf die vorhandenen gesunden Seiten besinnt. Jede erfolgreiche Therapie will nicht nur den organischen Schaden reparieren, sondern dabei helfen, die brachliegenden Fähigkeiten von Körper, Geist und Gefühlen zu aktivieren.

Was für die Bewältigung gesundheitlicher Gefahren gilt, das trifft auch für die Stabilisierung des seelischen Gleichgewichts und das Überstehen von Lebenskrisen zu. Der gewohnte Alltag mit seinen eingefahrenen Bahnen beschränkt die Persönlichkeit auf ein Minimum an vertrauten Eigenschaften und Fähigkeiten. Das reicht aus, um gesellschaftlich zu funktionieren und über die Runden zu kommen. Das „patente Hausmütterchen", der „dynamische Erfolgstyp" oder das „begabte, aber schwierige Einzelkind" bleiben häufig auf die Ausfüllung ihrer Rollen reduziert. Sie werden zu Schauspielern auf dem Marktplatz der Beziehungen, die Außenpolitik definiert ihre Existenzberechtigung.

Das geht auf Dauer nicht gut. Die Betreffenden verlieren ihren individuellen Lebenssinn und trocknen im Korsett der äußeren und inneren Konventionen aus. Nur wenn die Fähigkeit zum Überleben in der menschlichen Umgebung mit der Entfaltung der individuellen Persönlichkeit einhergeht, fühlt sich jemand bei sich selbst zu Hause – Geborgenheit und soziale Anerkennung brauchen ihre Ergänzung durch ein starkes Selbstwertgefühl, damit das Dasein befriedigend wird. Und hier gibt es für jeden von uns hinter der erstarrten Fassade seines Allerweltsgesichts einiges Wesentliche zu entdecken. Denn wer weiß schon (oder immer noch), was alles in ihm steckt?

So mancher befürchtet, seine Hoffnungen auf eine Steigerung der Lebensqualität ab einem bestimmten Alter endgültig aufgeben zu müssen; etwa dann, wenn die berufliche Karriere ihren Höhepunkt bereits überschritten hat oder die erwachsenen Kinder das Elternhaus verlassen. Tatsächlich ist es aber nie zu spät, um mehr aus sich zu machen. Selbst betagte Senioren können erstaunliche Aktivitäten an den Tag legen. Sie organisieren Wohngemeinschaften oder fangen ein Studium an; und zwar entgegen der traditionellen Ansicht, daß man „alte Bäume nicht mehr verpflanzen könne".

Die Zwangsverbringung von Körper, Geist und Gefühlen ins senile Abseits ist ein gewalttätiger Anachronismus. Gerade die letzten Jahrzehnte haben bewiesen, wie fragwürdig starre Altersgrenzen bei der Beurteilung der individuellen Entwicklungsfähigkeit sind. Für einen jüngeren Menschen gibt es also erst recht keinen Anlaß, an der eigenen Zukunft zu zweifeln. Es lohnt sich in jedem Lebensabschnitt, den Quellen des Selbstbewußtseins auf den Grund zu gehen, um sie stärker sprudeln zu lassen. In der Werkstatt Ihres Selbstbewußtsein kann, darf und sollte Sie niemand an der Pflege Ihrer Persönlichkeit hindern!

Sagen Sie den eingebildeten Folterknechten und Moralaposteln den Kampf an, die als Vollstreckungsgehilfen von äußeren Zwängen und inneren Ängsten durch die Gedanken und Gefühle geistern. Lernen Sie, diesen Gespenstern die Macht zu entziehen und sie vielleicht sogar ganz aus Ihrem Dasein hinauszuwerfen – indem Sie bei sich selbst nach Eigenschaften und Fähigkeiten suchen, die bisher ein Schattendasein geführt haben: „Was wollte ich schon immer gerne tun, ohne es mir zuzutrauen?" – „Welches Lebensziel werde ich endlich in Angriff nehmen?"

Am besten fangen Sie gleich heute mit dem Training an.

III. In der Werkstatt des Selbstbewußtseins: Die Innenpolitik

11. Die Programmierung auf zukünftige Mißerfolge

Für alle wichtigen Aufgaben und Ziele des Lebens gilt die Regel: Eine gute Vorbereitung garantiert (mindestens) die Hälfte des Erfolges. Ein Sportler sorgt rechtzeitig vor dem nächsten Wettkampf für die optimale Koordination seiner Muskulatur, für eine gute Kondition und ausreichende Kraftreserven. Die Führerscheinprüfung ist ohne Fahrpraxis nicht zu meistern, denn der gute Wille allein rangiert noch kein Auto in die freie Parklücke. Und wer sein Geld gewinnbringend anlegen möchte, der sollte die wirtschaftliche Entwicklung genau beobachten und die Börsenkurse aufmerksam verfolgen.

Wir denken ständig voraus, um mögliche Chancen zu nutzen, unnötige Risiken oder Fehlschläge dagegen vermeiden zu können: „Welche Widerstände sind bei den Vereinsmitgliedern gegen den Neubau der Tennishalle zu befürchten?" – „Wer ersetzt Frau Müller, wenn sie demnächst wegen ihrer Schwangerschaft ausfällt?" – „Wie stelle ich es am besten an, daß die Schwiegereltern unseren nächsten Urlaub finanzieren?" Jeder versucht, solche oder ähnliche Fragen mit Hilfe seiner Lebens- und Berufserfahrung zu beantworten, solange (und damit) sich die Ereignisse noch beeinflussen lassen.

Das sichert nicht nur den eigenen Handlungsspielraum, sondern vermittelt zudem das angenehme Gefühl, dem „Schicksal" nicht einfach ausgeliefert zu sein. Die vorausschauende Phantasie trägt aber auch zur Schonung der Nerven und damit zur Erhaltung der Gesundheit bei. Wer nämlich gerne eine kesse Sohle aufs Parkett legt oder leidenschaftlicher Rosenzüchter ist, der findet in seinem

Hobby den nötigen Schwung, um die triste Schreibtischarbeit besser zu verkraften. Und die Vorfreude auf den baldigen Urlaub erleichtert den Umgang mit pedantischen Sachbearbeitern, streitsüchtigen Kunden und nörgelnden Nachbarn.

Das weist auf eine wichtige Tatsache hin: Die jeweilige persönliche Stimmung wird von der Erwartung vorbestimmt, mit der man an kommende Ereignisse herangeht. Ein Mitarbeiter sieht vielleicht voll ängstlicher Ungeduld der Aussprache mit dem Chef entgegen und befürchtet für die berufliche Zukunft bereits das Schlimmste – sein Kollege dagegen vertreibt sich die Wartezeit bis zum entscheidenden Augenblick mit lustvollen Gedanken an ein abendliches Rendezvous. In beiden Fällen geht es um die gleiche Situation, aber mit höchst unterschiedlichen Auswirkungen auf die Beteiligten.

Freude, Apathie oder Verzweiflung hängen sehr stark von der psychischen Optik ab, durch die jemand den Alltag bereits im voraus bewertet und stimmungsmäßig einfärbt. Je nach innerer Stimmungslage setzt der Betreffende die rosarote oder grau verschleierte Brille auf, und in ihrem Licht erscheint ihm dann die Wirklichkeit. Diese durch und durch subjektive Zensur ist das typische Merkmal dafür, wie wir laufend mit unserem Leben umgehen. Das persönliche Weltbild des Menschen besteht aus einer Ansammlung von weitgehend eingefahrenen Vorurteilen, die Gegenwart wie Zukunft des eigenen Lebens mit schweren Hypotheken belasten.

Wer „auf dem Boden der Tatsachen steht", der hat eine festgelegte (und oft negativ durchsetzte) Meinung zu allen wichtigen Dingen, die sich ereignen könnten. Deshalb „weiß man ganz genau", wie Kollege Zimmermann mit seinem Genörgel den Arbeitsfrieden stören wird. Und es besteht schon heute kein Zweifel daran, daß Tante Luise beim nächsten Weihnachtsfest wieder einmal die ganze Verwandtschaft terrorisiert. Es ist bereits am Dienstag völlig klar, daß am kommenden Wochenende mit schlechtem

Wetter zu rechnen ist und daß es am Sonntag zum üblichen Krach mit den Kindern kommen dürfte.

Die eigenen Gedanken sind mit jenen goldenen Weisheiten befrachtet, die zu bewußter Vorsicht und Skepsis mahnen: „Wer kein Risiko eingeht, der macht auch nichts falsch!" – „Was Hänschen nicht lernt, lernt Hans nimmermehr!" – „Trau keinem unter (über) dreißig!"... Die Liste der feststehenden Ansichten über das Leben und das Zusammenleben hat bei jedem Erwachsenen eine beeindruckende Länge. Sie stellt das Grundgesetz des täglichen Verhaltens dar, bestimmt also den Spielraum der Persönlichkeit in allen wichtigen Alltagsfragen – und damit zugleich dessen Grenzen.

„Das Leben soll in seinen vertrauten Bahnen verlaufen" und: „Man kann nicht einfach über seinen Schatten springen" – so lauten folgerichtig die Begründungen für die Beständigkeit von bestehenden Gewohnheiten. Das eingespielte Räderwerk der individuellen Daseinsgestaltung umfaßt immerhin einen ganzen Katalog von Leistungen und Verhaltensweisen, die rund um die Uhr eine wichtige Rolle spielen. Das beginnt mit der persönlichen Eß- und Wohnkultur und geht weiter mit der Einstellung zu Arbeit und Freizeit. Hierzu gehört auch der Umgang mit anderen Menschen, die Beziehung zu Freundschaft, Liebe und Sexualität.

Ein „naives" und „unschuldiges" Baby weiß von alledem noch wenig, wenn es gerade auf die Welt gekommen ist. Es geht am Anfang mit unbekümmerter Offenheit und Wißbegierde auf jede neue Situation zu und lernt das Leben durch praktische Versuche kennen; weder heiße Herdplatten noch bissige Hunde können den jugendlichen Forschungsdrang bremsen. So entsteht allmählich, durch Versuch und Irrtum, der Schatz an nützlichen Erfahrungen und (Überlebens-)Techniken, auf den der einzelne sein Leben lang zurückgreifen wird. Er lernt, Messer und Gabel zu benutzen, Unkraut zu jäten oder eine elektrische Zahnbürste von einem zweireihigen Siebkettenroder zu unterscheiden.

Auch die Auseinandersetzung mit den Schattenseiten

der Wirklichkeit gehört zum Lernpensum eines heranwachsenden Individuums. Schließlich verbrennt sich jeder mit der Zeit mehr als einmal seine Finger. Das macht vorsichtig und dämpft die unerschrockene Neugier, mit der noch das Kind die ersten Erfahrungen sammelt. Einiges ist ja schmerzlich danebengegangen: Die erste große Liebe, die Zwischenprüfung im vierten Semester, der Kampf um die Meisterschaft beim Abfahrtslauf… Und gab es da nicht noch den folgenschweren Streit mit dem Ausbilder, die erfolglose Bewerbung um den attraktiven Posten, den mißlungenen Ausflug in die berufliche Selbständigkeit?

Das Sünden- und Pannenregister der eigenen Biographie erscheint ebenso beeindruckend wie die persönliche Erfolgsstatistik. Entsprechend „durchwachsen" ist das Spektrum der Fähigkeiten, die sich im Lauf der Jahre herausbilden und das tägliche Verhalten bestimmen. Da gibt es beinahe perfekte (wie Genußfähigkeit oder Verhandlungsgeschick) neben durchschnittlichen (Widerstandskraft, Fachwissen…) und eher mangelhaften Eigenschaften (Namensgedächtnis, sportliche Kondition…). Doch von einem so objektiven Bild der Stärken und Schwächen gehen die wenigsten Menschen aus, wenn sie über die Qualität ihres Lebens und die persönliche Glücksbilanz nachdenken.

Es fällt schon auf, daß sich viele Leute lebhaft an negative Erfahrungen und Mißerfolge erinnern können, positive Erlebnisse dagegen eher vergessen oder als unbedeutend abwerten. Rein äußerlich betrachtet geht es diesen Menschen meistens recht gut: Sie leben in „gesicherten Verhältnissen", haben es „zu etwas gebracht", sind weitgehend gesund und können auf eine ordentliche berufliche Laufbahn zurückblicken. Aber anscheinend reichen den Betreffenden diese Beweise ihres Wohlergehens nicht aus, um tatsächlich zufrieden zu sein. Sie wirken trotz allem mißmutig und blicken eher sorgenvoll in die Zukunft.

Das liegt daran, daß der menschliche Verstand bisweilen ziemlich unvernünftig arbeitet. Als Komplize des Sicherheitsbedürfnisses sorgt er dafür, daß Bedrohliches und

Katastrophales besonders gut im Gedächtnis haften bleibt. Es ist die Angst vor Pleiten, Pech und Pannen, die uns besonders empfindlich macht und zum sorgenvollen Grübeln veranlaßt. Wir versuchen, im voraus zu erahnen, welche Risiken entstehen könnten und mit welchen Enttäuschungen möglicherweise zu rechnen ist: „Was mache ich nur, wenn ich bei der nächsten Beförderungswelle wieder übergangen werde?" – „Ob wohl jedes Familienfest in Zukunft mit einem Krach endet?"

Die Gedanken drehen sich also um Erwartungen, die aus Erfahrungen entstehen; wobei niemand daran gehindert werden kann, sich selbst in einem besonders ungünstigen Licht zu sehen. Im Gegenteil. Vieles spricht dafür, dem Leben zu mißtrauen: Langjährige Freundschaften brechen auseinander, die Karriere wird vom Konkursverwalter liquidiert, die Inflation zerstört das finanzielle Sicherheitspolster... Es wird mit den Jahren immer einfacher (und damit selbstverständlicher), in jeder noch so guten Suppe ein häßliches Haar zu wittern – als Vorbeugung gegen mögliche Enttäuschungen und Bestätigung von vorhandenen Vorurteilen.

„Lebenserfahrung" bedeutet in solchen Fällen vor allem Skepsis und ängstliche Befürchtungen in bezug auf die Entwicklung des eigenen Schicksals. Und wenn jemand erst einmal daran gewöhnt ist, sich ständig Sorgen zu machen, dann verlieren die Freuden des Alltags an Bedeutung. Es könnte ja sein, daß bereits im nächsten Augenblick das Herz versagt, ein Unfall das neue Auto demoliert oder die Erbtante doch noch ihr Testament ändert. Ruhe und Harmonie scheinen bisweilen sogar die Vorboten des kommenden Unheils zu sein: „Du kannst Gift darauf nehmen, das dicke Ende kommt bestimmt hinterher!"

Wer sich derart im Teufelskreis von negativen Spekulationen verfängt, der mißtraut der Welt im Extremfall gerade deshalb, weil sie scheinbar in Ordnung ist. Manche Menschen entwickeln dabei eine Katastrophenmentalität, die zum Markenzeichen ihrer Persönlichkeit wird. Man denke nur an jenen Typ des „bösen Nachbarn", wie er leider überall vorkommt. Hinter den Wohnungstüren seiner Mitbewohner wittert er politische Umtriebe, sexuelle Ausschweifungen oder die Haltung von verlausten Kanalratten. Zudem unterstellt er Herrn und Frau Jedermann die Neigung zur üblen Nachrede (über ihn), das Fehlen jeglicher Arbeitsmoral und die mangelnde Bereitschaft zum regelmäßigen Rasenmähen.

Und weil dieser liebe Zeitgenosse meint, daß „man ohnehin immer mit dem Schlimmsten rechnen muß", begegnet er vorsorglich allen Leuten mit der gleichen Ablehnung. Diese ebenso generelle wie negative Erwartungshaltung wird allmählich zum geistigen Gefängnis, weil der Betreffende ständig nach Beweisen für die Richtigkeit seiner Vorbehalte sucht – und sie ebenso regelmäßig auch findet. Denn es ist kein Problem, bei sich selbst und anderen Menschen irgendwelche Fehler zu entdecken, um dann mit ihrer Hilfe die eigenen Vorurteile zu bestätigen. Man muß nur lange und beharrlich genug darauf warten...

Solche detektivischen Nachforschungen beeinträchtigen die willentliche Kontrolle des Denkens. Der Kopf ist für nichts anderes mehr frei, die Phantasie schlägt ängstliche Kapriolen und wird allmählich zum Spielball der Sorgen. So kommt es zur psychischen Programmierung auf zukünftige Fehlschläge und Mißerfolge, das Selbstvertrauen unterliegt dem Diktat des Zweifelns. Das führt zur Ausprägung bestimmter Verhaltensmuster, deren Korsett die gesamte Persönlichkeit zunehmend einengt. Es gibt drei unterschiedliche Rollen, die jemand als typisches Ergebnis einer solchen Entwicklung zur Schau stellen kann:

„Schwarzseher" imponieren durch die Fähigkeit, aus jeder Situation des Alltags ein dramatisches Schauspiel zu entwickeln. Wer diese Kunst beherrscht, der weiß bereits im voraus, wo, wann und wie die größtmögliche Katastrophe auf ihn lauert. Diese visionäre Kreativität bleibt auch (und gerade) dann wirksam, wenn die Erfahrung sie Lügen straft. Eine übergewichtige Frau malt sich in den schlimmsten Bildern aus, wie sie unbeholfen über den Tennisplatz watschelt, beim Laufen außer Atem gerät und permanent die Bälle verschlägt. Kein Wunder, daß sie es bis heute nicht geschafft hat, ihren Wunsch nach sportlicher Betätigung in die Tat umzusetzen.

Der „Höhenflieger" versucht, aus Angst vor dem eigenen Versagen ins Traumparadies der strahlenden Sieger zu flüchten. Wie etwa der Prüfungskandidat, der sich vorstellt, nur mit Hilfe von Schicksal und Begabung (an Stelle gründlicher Vorbereitung) die besten Noten zu erzielen. Dadurch entsteht ein zweifaches Dilemma: Das Vertrauen in den Erfolg aus eigener Kraft nimmt immer weiter ab, während der Erwartungsdruck („Jemand wie ich muß mit Auszeichnung abschneiden!") kräftig ansteigt. Je näher der Examenstermin herankommt, um so mehr verzweifelt der Betreffende an seinen realen Chancen und klammert sich statt dessen an die Hoffnung auf einen glücklichen Zufall.

Ein „Verdrängungskünstler" reagiert auf seine Ängste, indem er den Kopf in den Sand steckt und vorgibt, von nichts betroffen zu sein. Das ist schon schlimm genug, wenn es konkrete Schwierigkeiten zu bewältigen gibt, wie etwa bei der Abzahlung eines Ratenkredits. Hier führt die Selbsttäuschung zu trügerischer Gelassenheit, während die übrige Familie vor Sorgen kaum schlafen kann. Die Illusion einer problemlosen Wirklichkeit kann zwar den Intellekt vorübergehend in Sicherheit wiegen, bringt aber die inneren Zweifel nicht zum Schweigen. Durch diese Simulation werden vielmehr alle Unsicherheiten verstärkt, die hinter der Fassade im Zentrum der Persönlichkeit lauern.

Ob „Schwarzseher", „Höhenflieger" oder „Verdrängungskünstler" – in jedem Fall gelingt es, die Widrigkeiten des Alltags durch negative Vorprogrammierung des Denkens erheblich zu steigern. Beispielsweise bei einer unangenehmen Aussprache mit dem Abteilungsleiter, die in ihrer tatsächlichen Länge vielleicht eine halbe Stunde dauert: ein recht kurzes Mißvergnügen. Das Ausmaß des persönlichen Unwohlseins kann aber mit Hilfe entsprechender Vorahnungen auf „unerträgliche" fünf Tage gestreckt werden. Das ergibt ein stattliches Angstvolumen von 7 200 Folterminuten und damit einen satten Zugewinn von 23 900 Prozent!

Jeder ist in der Lage, solche beeindruckenden Ergebnisse zu erzielen. Sollten Sie allerdings Ihrem weiteren Schicksal bis heute (noch) weitgehend vertrauensvoll entgegensehen, dann bedarf es einiger Übung im katastrophalen Denken. Der erste Schritt Ihres Trainingsprogramms besteht in der Aktivierung des Gedächtnisses, damit Sie sich „auf Knopfdruck" an persönliche Mißerfolge erinnern können: einen Verkehrsunfall, die Steuerprüfung, den Lottogewinn des Arbeitskollegen... Stellen Sie sich dann möglichst plastisch vor, wie Ihnen der gleiche Ärger in Kürze wieder zustößt und wie schlecht es Ihnen dabei ergehen wird.

Wahre Meisterschaft erlangen Sie allerdings erst, wenn Ihre Phantasie aus jeder Situation des Alltags eine potentielle Bedrohung macht: „Ich schneide mir eines Tages mit der Brotschneidemaschine noch den Daumen ab und verliere viel zuviel Blut, weil der Notarzt nicht kommt!" – „Im nächsten Urlaub klaut man mir ganz sicher die Koffer, das Wetter wird miserabel, und das Flugzeug muß auf der Rückreise notlanden!" – „Der Installateur hat sich beim Aufstellen der Waschmaschine so gründlich in unserer Wohnung umgesehen. Wahrscheinlich plant er bereits einen Einbruch!"

Mit der Zeit werden Sie ganz sicher die Fähigkeit erwerben, gründlich an sich selbst, den Mitmenschen und dem Leben überhaupt zu zweifeln – und eine möglichst düstere Zukunft zu erwarten.

108

12. Das Inquisitionstribunal der Gedanken

Der Verstand hat niemals „Sendepause" und kontrolliert ständig das menschliche Verhalten. Was immer jemand im Verlauf eines Tages macht, es wird von den eigenen Gedanken kommentiert; und zwar ganz gleich, ob es dabei um das Schreiben eines Buches, um berufliche Entscheidungen oder die Planung des nächsten Urlaubs geht. Die „innere Stimme" besitzt einen überaus wechselhaften und launischen Charakter. Manchmal erscheint sie als wohlwollender Partner („Für heute hast du eigentlich genug getan. Denk' endlich auch an dich und gönn' dir eine Pause!") – und im nächsten Augenblick übt sie vernichtende Kritik („Ein Versager wie du hat diesen tollen Job überhaupt nicht verdient!").

Der Motor dieser beständigen Selbstgespräche ist ein biologisch-psychologisches Selbsterhaltungsprogramm, das bis zum Ende des Lebens in Aktion bleibt. Niemand soll sich schließlich körperlich, geistig oder gefühlsmäßig in Gefahr bringen, geschweige denn Schaden nehmen. Deshalb wird alles, was mit uns oder durch uns passiert, automatisch auf eventuell auftretende Komplikationen hin überprüft. Kurz bevor wir etwas tun, berechnet das persönliche Sicherheitsbedürfnis alle erdenklichen Schwierigkeiten: „Man hat für heute schlechtes Wetter angekündigt. Wäre es nicht gut, feste Schuhe anzuziehen und einen Regenschirm mitzunehmen, wenn ich gleich aus dem Haus gehen will?"

Auch im weiteren Verlauf der Ereignisse arbeitet die gedankliche Kontrolle ständig weiter. Vor allem deshalb, damit wir auch auf unvorhergesehene Entwicklungen möglichst rasch reagieren können: „Der Himmel bezieht sich immer stärker mit dunklen Wolken, wahrscheinlich regnet es bald. Wenn ich meinen Spaziergang jetzt abkürze, dann bin ich bestimmt vor dem Unwetter wieder daheim!" Und am Ende des Ausflugs ins Grüne wird dann wahrscheinlich die erfreuliche Bilanz gezogen: „Gut, daß ich vorhin umgekehrt bin. Es hat ja so stark geregnet, ich wäre wahrscheinlich völlig naß geworden!"

Dieses Gesamtergebnis geht als subjektive Erfahrung in die Lebensgeschichte ein und programmiert zudem das künftige Verhalten in vergleichbaren Situationen. Das Gehirn löst tagtäglich viele solcher Aufgaben durch blitzartige Hochrechnungen; bei Überholvorgängen im Straßenverkehr, bei der Organisation von Einkäufen und Verabredungen, beim Streitgespräch mit einem unzufriedenen Kunden... So weit, so gut – das ist die Grundlage für ein vernünftiges und sinnvolles Handeln. Jeder, der sich selbst einmal genau beobachtet, dürfte davon überrascht sein, wie häufig, schnell und reibungslos das eigene Denken funktioniert.

Aber leider sind nicht alle Fragen des Daseins eindeutig zu klären. Es kommt nämlich immer wieder zu Interessenkonflikten, die die Betreffenden nur schwer entscheiden können: „Gehe ich jetzt in den Schatten, damit sich die Haut erholt, oder bleibe ich länger in der Sonne liegen, um schön braun zu werden?" – „Sind mir die vielen Überstunden für meine Karriere wichtig, oder ziehe ich einen geregelten Feierabend für Familienleben und Gesundheit vor?" – „Sollte man möglichst viel für das Alter auf die hohe Kante legen oder besser hier und heute sein Leben genießen?"

Die Qual der Wahl macht jede Festlegung schwer. Es ist ausgeschlossen, immer schon vorher genau zu wissen, welches Vorgehen in einem bestimmten Augenblick „richtig" oder „nützlich" wäre. Gerade bei besonders wichtigen Ereignissen wird es zum Dilemma, daß mögliche Komplikationen nicht klar genug vorauszusehen sind. „Muß ich gegen die einsamen Entschlüsse der Geschäftsleitung protestieren, damit man mich auch in Zukunft ernst nimmt?" fragt sich ein leitender Mitarbeiter. „Andererseits wäre es vielleicht besser, den ganzen Ärger hinunterzuschlucken, um den Eindruck von mangelnder Belastbarkeit zu vermeiden. Wie verhalte ich mich am besten?"

Allen Unsicherheiten zum Trotz geht das Leben weiter. Das bedeutet, Entscheidungen auch dann fällen zu müssen, wenn man sich unwohl dabei fühlt. Kommt zu diesem Lampenfieber noch die Erfahrung von persönlicher Überforderung oder von Mißerfolgen hinzu, dann ist jeder praktische Schritt von Argwohn und Selbstzweifeln begleitet: „Das geht ganz bestimmt daneben!" – „Hätte ich doch bloß die Finger davon gelassen!" Manche Menschen gewöhnen sich so an dieses Verhaltensmuster, daß sie zur Personifizierung des „Unglücksraben" und damit zur Karikatur ihrer selbst werden. Im Alltag sind viele Katastrophen-Experten und Unglücks-Unken zu finden, die sich und anderen das Dasein schwermachen.

Es ist eine weitverbreitete Methode, den vorhandenen Pessimismus hinter forschem Auftreten zu verbergen und mit flotten Sprüchen zu vertuschen. Doch die clever gemeinte Show verfehlt ihre beabsichtigte Wirkung, denn die eigenen Gedanken fallen auf den Schwindel nicht herein. Im Gegenteil. Je mehr jemand versucht, den „starken Mann zu markieren", um so massiver beherrschen die Versagensängste den Verstand und trüben den Blick für den Erfolg. Der Betreffende geht schon mit heimlichen Zweifeln an neue Aufgaben heran, beobachtet unsicher jeden seiner Schritte und überlegt anschließend, wann es wohl deswegen den nächsten Ärger gibt.

Der permanente, aber hilflose Aufstand gegen die menschliche Unvollkommenheit beeinträchtigt immer deutlicher die Leistungsfähigkeit. So entstehen mit der Zeit erhebliche Bauschäden in der tragenden Konstruktion der Persönlichkeit, die nur schwer zu reparieren sind. Die Selbstzweifel schmerzen hartnäckig; besonders, wenn es mit der Karriere, der Familien- oder Vermögensbildung nicht wie erwartet geklappt hat. Dann wird ständig nach Beweisen für eigenes Fehlverhalten gesucht, die der Betreffende umgehend mit bissigen Kommentaren registriert. Etwas ist „schon wieder kläglich danebengegangen", man hat „peinlich versagt" und ist „dumm aufgefallen"...

Das Programm der seelischen Strafverfolgung kennt weder Pausen noch Feiertage oder Schonzeiten. Denn es operiert im eigenen Gehirn, das zu Lebzeiten nicht abzuschalten ist. Es scheint so zu sein, als säße eine Gruppe von Kriminalbeamten in den „kleinen grauen Zellen" und wäre damit beschäftigt, fortlaufend nach Hinweisen auf begangene Delikte zu suchen. Jede Kleinigkeit kann da zum Indiz des unerträglichen, weil untragbaren Versagens werden: das Verschlafen am Morgen, der forsche Umgangston am Telefon, der hartnäckige Schmerz in der linken Schulter – die Lebensgeschichte wird zum Tatort, das Ich zum gejagten Schwerverbrecher.

Die Auswirkungen dieses Zustands im Alltag sind überaus verheerend. Der einzelne führt meist ein zermürbendes Doppelleben zwischen gesellschaftlicher Selbstbehauptung und psychischem Notstand. Die Außenstehenden, zu denen auch die nächsten Angehörigen und Freunde gehören, können den seelischen Zwiespalt kaum nachempfinden. Da leiden erfolgreiche Manager am „Hochstapler-Syndrom". Sie meinen (völlig zu Unrecht), daß ihre Leistungen eigentlich nur auf Schwindel beruhen würden und daß jederzeit mit der Entlarvung zu rechnen sei. Und manche Frau fühlt sich trotz aller Bewunderung für ihre Schönheit als „häßliches Entlein". Deshalb reagiert sie besonders empfindlich, wenn jemand negativ über sie urteilt.

In beiden Fällen beseitigt die äußere Anerkennung nur vorübergehend das innere Dilemma. Dessen eigentlicher Hintergrund ist ein deutlicher Mangel an Selbstbewußtsein, der meistens auf kritische Erlebnisse in den ersten Lebensjahren zurückgeführt werden kann. Dabei ging es um die schmerzliche und wiederholte Entbehrung von

Liebe und Zuwendung, was ein ebenso intimes wie tiefgreifendes Gefühl von Minderwertigkeit bewirkt. Die Suche nach äußerlichem Erfolg wird in der folgenden Zeit (und vielleicht bis ins hohe Alter) zum Ausdruck des Kampfes um Zuneigung, um menschliche Wärme und Geborgenheit.

Doch solche Ersatzbefriedigungen erfüllen nur oberflächlich den beabsichtigten Zweck. Der Beweis von körperlicher Attraktivität kann nämlich ebensowenig die inneren Wunden heilen wie ökonomischer Wohlstand oder intellektuelle Brillanz. Das hat schlimme Gründe: Die vorhandene seelische Verletztheit ist das ständige Angriffsziel jener moralischen Feindsender in der eigenen Psyche, zu denen das „schlechte Gewissen" gehört. Mit seinen negativen Parolen („Bilde dir bloß nichts auf dich ein!" – „Alle anderen Kandidaten sind für diesen Job besser geeignet als du!") stört es fortlaufend und immer weiter das Selbstvertrauen.

Dann führt der Betreffende ein spannungsgeladenes Doppelleben zwischen seiner alltäglichen Existenzsicherung und der Angst vor persönlichem Scheitern. Zwar läuft am Arbeitsplatz, in Freundeskreis und Familie eine durchaus erfolgreiche Lebensgeschichte ab; um Haus und Hof, Karriere und materiellen Wohlstand ist es recht gut bestellt. Doch die erlebte Wirklichkeit der gleichen Person sieht völlig anders aus. Dort herrschen gedankliche Vorwürfe, Sorgen und Anklagen vor, die bisweilen völlig aus der Luft gegriffen und an den Haaren herbeigezogen sind.

Jemand sieht sich als „permanten Versager", hat „sein Glück nicht verdient" und „kann froh sein, wenn trotz allem keine Katastrophe passiert". Der eigene Verstand fungiert in diesem Fall als Großinquisitor, der tagein, tagaus mit der Verurteilung des Delinquenten droht – vor allem in schlaflosen Nächten, die sich besonders gut für erbarmungslose Selbstvorwürfe eignen. Das Dasein wird als permanente Gerichtsverhandlung erlebt, bei der jede Begebenheit zum belastenden Indiz hochstilisiert werden kann:

„Weil die Akte Müller heute nicht abgeschlossen wurde, ist die Zukunft der Firma gefährdet!" – „Wenn ich nicht jeden Tag die Fußböden saubermache, dann sind meine Kinder bald Asthmatiker!"

Solche sorgenvollen Gedanken reißen die Betreffenden immer wieder aus der trügerischen Sicherheit ihres Berufs- und Familienlebens heraus. Die Interpretation der (vermeintlichen) Beweismittel erfolgt im Zweifel gegen den Verdächtigen, eine Chance auf mildernde Umstände oder eine wirksame Verteidigung besteht nicht. Wem es schlechtgeht, weil er sich schlechtmacht, dem ist jedes Mittel recht, um Krieg gegen die eigene Person zu führen. Und weil Angeklagter, Staatsanwalt und Richter identisch sind, wird die Gerichtsverhandlung zum beständigen Alptraum.

Oft ist es nötig, das Bild der Wirklichkeit so stark zu verfälschen, daß der gewünschte schlechte Eindruck entsteht. Es gibt einige bewährte Methoden, um in diesem Sinn die tägliche Lust auf maximalen Frust zu befriedigen. Sehr beliebt ist etwa der Trick, die negativen Folgen des eigenen Verhaltens genüßlich auszugestalten. Wer einen Vortrag halten muß, der sollte sich so oft wie möglich einreden, daß ihn die Zuhörer mit lauten Buhrufen beschimpfen werden. Dank seiner Phantasie kann er bald mit der Entwicklung eines äußerst unangenehmen Lampenfiebers rechnen; mit dessen Hilfe dürfte es ihm leichterfallen, eine schwache Leistung zu produzieren!

Nun hat auch der größte Pechvogel immer wieder Erfolge, die einfach nicht zu übersehen sind und darum das pessimistische Weltbild in Frage stellen. Für diesen Fall gibt es eine geistige Hintertür, um jederzeit dem drohenden Wohlbefinden zu entkommen. Man bringe einfach das Positive in einen negativen Zusammenhang oder leugne ganz einfach die angenehmen Erfahrungen. Das macht etwa ein krankheitserprobter Migränepatient, der im Augenblick frei von Beschwerden ist. Er muß nur an seine vergangenen Kopfschmerzen denken, um sich gleich wieder ganz miserabel zu fühlen: „Mir soll es gutgehen? Wenn Sie wüßten, wie fürchterlich ich gestern gelitten habe, dann kämen Sie nicht auf solche absurden Ideen!"

Leider gibt es Menschen, die alles daran setzen, jemanden wegen irgendwelcher (angeblichen) Leistungen zu loben. Manchmal bestehen solche Personen weiterhin auf ihrer Begeisterung, obwohl der Angesprochene selbst überhaupt nichts davon hält. Eine wirkungsvolle Gegenmaßnahme besteht darin, die Echtheit des Kompliments zu bezweifeln ("Das sagen Sie ja nur, um mir eine Freude zu machen!"). Sollte das nicht ausreichen, so hilft es vielleicht, nach den bösen Absichten hinter den schmeichelhaften Worten zu suchen: "Der Kornhuber ist sicher nur so freundlich, damit wir seinen Zwergpinscher wieder in Pflege nehmen!"

Die gedankliche Persönlichkeitsbeschädigung findet ihre stärkste Ausdrucksform in einem beständig aktiven Schuldbewußtsein. Hier ist der wünschenswerte Perfektionsgrad erreicht, sobald der Verstand in unterschiedlichen Situationen mit lebhaften Selbstanklagen reagieren kann. Das bekannte Spektrum der Möglichkeiten beginnt bei der mild-ironischen Selbstkritik ("Mit mir hat der liebe Gott wohl einen Prototyp getestet") – und reicht bis zu düster-destruktiven Schicksalsperspektiven ("Ohne mich könnte meine Familie ganz bestimmt in Glück und Frieden leben").

So viel zielstrebige Mißliebigkeit in eigener Sache trägt auch anderweitig ihre reichen Früchte. Sie bietet die Chance auf ständige soziale Aufmerksamkeit, der "Sündenbock vom Dienst" ist ein idealer Märtyrer. Er hat seine als "nützlich" eingestufte Funktion in der menschlichen Gesellschaft, die man ihm deswegen gerne zuschiebt. Überall sind nämlich jene Lastesel hoch willkommen, die klaglos die Verantwortung für Betriebsunfälle und Mißgeschicke des Zusammenlebens übernehmen. Das gilt für die unglückliche Partnerwahl der Tochter ebenso wie für den Stromausfall an der Werkzeugmaschine oder das schlechte Wetter beim Sommerfest.

Falls Sie zu jenen Personen gehören sollten, die hin und wieder mit ihrem Verhalten zufrieden sind und sich (noch!?) über erreichte Erfolge freuen – dann wird es höchste Zeit für Ihre innere Umkehr! Schließlich ist das Leben eine viel zu ernste Sache, um es mit beständigem Wohlbefinden zu verplempern. Als werdender „Großinquisitor für den Hausgebrauch" sind Sie auf das tägliche Training in Sachen Selbstbezichtigung angewiesen. Nur durch ständiges Herumgenörgel am eigenen Verhalten gelingt es Ihnen, sich die letzten optimistischen Flausen aus dem Kopf zu schlagen: „Schon wieder ist etwas schiefgelaufen!" – „Ich habe mich gerade ganz unsterblich blamiert!"

Nach relativ kurzer Zeit ist Ihre Fähigkeit zum schuldbewußten Unwohlsein bereits beträchtlich fortgeschritten, es kommt zu einer deutlichen Veränderung des Bewußtseins. Sie gewinnen jetzt die beklemmende Erkenntnis, daß niemand außer Ihnen auf dieser Welt so voller Fehler und Unzulänglichkeiten steckt wie Sie. Nun ist endlich der richtige Augenblick für den Generalangriff auf die eigene Persönlichkeit gekommen. „Meine verdammte Schüchternheit ist schuld daran, daß unser Betriebsausflug eine Pleite war", so könnte ein entsprechend häßlicher Gedanke lauten.

Es geht aber auch anders: „Unsere Kinder sind doch nur deshalb aus dem Haus gegangen, weil ich sie nicht genug liebe!" – „Vor 20 Minuten hätte ich wissen müssen, was ich jetzt weiß. Dann wäre ich Millionär geworden!" Die Zahl und die Qualität der möglichen Vorwürfe hängt einzig und allein von Ihrem Einfallsreichtum ab. Je schlimmer sich Ihre Phantasie austobt, desto schlechter wird es Ihnen gehen!

13. Wie meistere ich meine inneren Zweifel?

„Man ist im Leben wirklich vor keiner Überraschung sicher!" Viele Menschen berufen sich auf diese Weisheit, wenn sie in Erinnerung an die eigene Jugendzeit über begrabene Hoffnungen und verlorene Illusionen sprechen. Die Wirklichkeit hat die großen Träume von Schönheit, Reichtum oder Erfolg im Lauf der Jahre wie Seifenblasen zerplatzen lassen – so sieht es jedenfalls in den Augen derjenigen aus, die mit dem Dasein unzufrieden geworden sind. Sie demonstrieren deshalb mit stets wacher Selbstkritik und der negativen Hypothek ihrer Erfahrungen ein gebrochenes Vertrauen in die Zukunft.

Entsprechend dramatisch wird das Auftreten von natürlichen Schwächen (und biologischen Mängeln) empfunden und insgeheim als Schlag des Schicksals gedeutet. Die ersten grauen Haare und Fältchen gelten als Beweis des unaufhaltsamen körperlichen Verfalls, gelegentliche Gedächtnislücken dokumentieren den beschleunigten Abbau des Gehirns... Der Betreffende entwickelt dabei die Angst, nicht mehr auf dem festem Boden der Realitäten, sondern auf schwankendem Untergrund oder brüchigem Eis zu stehen. Das führt schnell zu psychosomatischen Beschwerden; etwa in Form von Schwindelgefühlen, die die Unsicherheit anschaulich verkörpern.

Wenn Menschen zu sehr auf ihre eigenen Defizite achten, dann fürchten sie bald, die damit verbundenen emotionalen Spannungen nicht zu verkraften: Die Zahnschmerzen werden als „vollkommen unerträglich" erlebt, der Prüfungsdruck ist „einfach kaum auszuhalten". Die spürbaren Symptome solcher Krisen sind jedem von uns bekannt, denn sie treten im Alltag bei allen möglichen Anlässen auf. Vor Wettkämpfen, Prüfungen oder Operationen geht deswegen beispielsweise die Konzentrationsfähigkeit zurück, und der Puls wird schneller. Man findet schwer seine innere Ruhe und regt sich bereits über Kleinigkeiten auf.

Es ist der „wahnsinnige Streß, der das Nervenkostüm aufs äußerste strapaziert". Diese inneren Schwierigkeiten treten besonders bei gravierenden Ereignissen auf, zum Beispiel beim Tod des Ehepartners oder beim Verlust des Arbeitsplatzes. Seelische Spannungen und bedrückende Gedanken treten aber nicht nur in ganz bestimmten Situationen oder für die Dauer eines einzigen Ereignisses auf. Sie plagen den einzelnen manchmal für längere Zeit, verstärken damit die vorhandenen Sorgen und verdüstern den persönlichen Horizont. Das geschieht fast immer, sobald jemand in eine problematische Lage gerät und befürchtet, davon überfordert zu werden – etwa wegen der Diagnose auf eine chronische Erkrankung wie Rheuma oder Diabetes.

Dann tobt im Kopf des betreffenden Menschen ein leidenschaftlicher Krieg zwischen zwei äußerst ungleichen Parteien. Die eine Seite versucht, mit Horrorvisionen die Lebensgeister und das Selbstvertrauen zu lähmen: „Aus dem schwarzen Loch kommst du sowieso nicht mehr heraus. Es hat überhaupt keinen Zweck, nach einem Ausweg zu suchen. Kapituliere!" Ein anderer Teil des Denkens kämpft gegen diese Katastrophenpropaganda an, indem er Durchhalteparolen ausgibt: „Irgendwie schaffst du es schon! Es muß schließlich weitergehen! Nur nicht aufgeben!"

Wenn es um solche inneren Kämpfe geht, ist jeder von uns zur gleichen Zeit der Angreifer, das Opfer und das Schlachtfeld. Und es gibt genügend Gelegenheiten für heftige Auseinandersetzungen in der eigenen Persönlichkeit. Ob Abschlußprüfung, Ehescheidung, Zahnarzttermin, Diätprogramm oder Kündigung: Man fühlt sich hin- und hergerissen zwischen dem Wunsch, „am Ball zu bleiben", und dem starken Drang, jeder notwendigen Entscheidung aus dem Weg zu gehen. Dieser Zwiespalt (und nichts sonst) macht die Betreffenden je nach Naturell entweder unsicher und sprunghaft oder läßt sie faul und träge erscheinen.

Am „labilen Charakter" oder der „mangelnden Willenskraft" liegt es dagegen selten, wenn die Selbstsicherheit beschädigt ist. Leider gewinnt nämlich die destruktive Partei immer stärker die Oberhand, je länger die Gefechte dauern. Man denke nur an die Nöte im Umgang mit „Autoritätspersonen" oder an die Angst vor dem Verfall des eigenen Körpers. Die heimlichen Zweifel am Ich und die Überbewertung von negativen Erfahrungen tragen sehr oft den Sieg davon. Sie schüren die Unbeholfenheit gegenüber Amtsinhabern und Erfolgstypen oder zwingen die Aufmerksamkeit zur beständigen Suche nach organischen Krankheitsherden.

Wie in einem unsichtbaren Käfig bleibt die Persönlichkeit gefangen und kommt aus eigener Kraft kaum daraus frei. Die negativen Erwartungshaltungen sorgen schon dafür, daß jemand in den gewohnten Bahnen seines Denkens und Verhaltens bleibt. Der erste Schnee weckt die Erinnerung an den Verkehrsunfall im letzten November, was zu einer überaus zaghaften (und nicht etwa umsichtigen) Fahrweise führt: „Hoffentlich rutsche ich auf der glatten Fahrbahn nicht wieder aus!" Es passiert dann leicht, daß ein solcher Autofahrer aus Furcht vor erneutem Kontrollverlust in Panik gerät. Damit bringt er sich selbst und andere unnötig in Gefahr.

Was müßte passieren, um diesen fatalen Teufelskreis zu durchbrechen? Mit forschen Sprüchen allein („Jemand wie du verkraftet das mit links!" – „Mach' dich doch nicht kleiner, als du bist!") ist die entstandene Unsicherheit selten zu besiegen. Wenn der Schreck nämlich erst einmal „in den Gliedern sitzt", dann sind konkrete Gegenmaßnahmen nötig. Das bedeutet im vorliegenden Fall:

ein Schleudertraining mit dem Auto unter Winterbedingungen zu absolvieren, statt die Beurteilung des Risikos dem Zensor im Kleinhirn zu überlassen. Der hat sich nämlich still und heimlich an die Arbeit gemacht, um das Vertrauen in die eigenen Fähigkeiten zu zersetzen.

Es geht also darum, die Scheuklappen des Selbstzweifels abzulegen. Denn sie, und keine düsteren Mächte des Schicksals, versperren den Blick für die Machbarkeit von positiven Veränderungen. Was ich mir noch nicht einmal vorstellen kann, das werde ich wahrscheinlich kaum in Angriff nehmen... Der enge Horizont ängstlicher Phantasien ist nur durch neue Erfahrungen zu erweitern. Ich muß lernen, meine Aufmerksamkeit auf das Wesentliche zu konzentrieren, statt im Labyrinth der Sorgen herumzuirren: Welche Bremstechnik benutze ich bei Glatteis? Was ist beim Anfahren auf verschneiten Steigungen zu berücksichtigen?

Die praktischen Verbesserungen der Lebensumstände sind leider selten im Handumdrehen zu realisieren. Manches ist zwar bald erreichbar (etwa der Umgang mit einer Software zur Texterfassung), anderes braucht wesentlich länger (wie das Erlernen von Entspannungstechniken). Gelegentlich sucht man jemanden, der bei der Lösung eines Problems helfen könnte, weiß aber nicht, wer dafür in Frage käme („Wo werden überhaupt Schleuderkurse für Autofahrer veranstaltet?"). Doch es liegt weniger am großen zeitlichen Aufwand oder an den fehlenden Informationen, warum jemand mit seinen Schwierigkeiten schlecht zurechtkommt.

Viele Menschen treten vielmehr deshalb auf der Stelle, weil sie keine Ahnung haben, wohin ihre Reise außerhalb der gewohnten Bahnen gehen soll. Wer sich von einem Ärgernis befreien möchte („Diese entsetzliche Migräne!"), der besitzt deswegen noch lange keine motivierende Antwort auf die Fragen: „Was fange ich Schönes mit meinem Leben an, wenn mich die Beschwerden nicht mehr terrorisieren?" – „Wozu will ich meine wiederhergestellte Ge-

sundheit eigentlich verwenden?" Die Patienten, deren Alltag seit Jahren von einer chronischen Erkrankung beherrscht wird, besitzen häufig keine optimistische Perspektive mehr.

Dieses passive Dreinschicken in das Schicksal verbin-
det die Betreffenden mit allen anderen Menschen, die über
längere Zeit hinweg an ihren Problemen verzweifeln –
etwa der unbefriedigenden Beziehung oder dem Knick in
der beruflichen Karriere. Der Asthmatiker (Rheumatiker,
Stomaträger...) hat vielleicht als Folge davon das Vertrauen in seine Vitalität verloren. Das Leiden selbst ist
zum lebendigen Dreh- und Angelpunkt des Daseins geworden. Die defensive Feststellung: „Ich wäre ja schon so
glücklich, wenn Sie mir nur die Schmerzen nehmen könnten!" verrät, daß wenig Energie zur positiven Bewältigung
der Gesundheitskrise verblieben ist.

Der brennende Wunsch nach Erlösung hat jeden Glauben an die eigene Persönlichkeit und deren Selbstheilungs-
kräfte vertrieben. Man kann sich eben kaum vorstellen,
ohne die Last des Leidens zu leben, ist an einen festen Tagesablauf mit Schmerzen, Arztbesuchen und zahlreichen
Einschränkungen gewöhnt. Wenn dann (bei einer langjährigen Erkrankung) lediglich die medizinische Reparatur der
Schadstellen ihre Wirkung zeigt, dann verschwinden wohl
die geklagten Symptome. Doch die Gemütslage des Patienten bleibt häufig, wie sie ist, nämlich antriebslos und nie-
dergeschlagen.

Die Gedanken kreisen weiterhin um die seit geraumer
Zeit gewöhnten Sorgen und erhalten damit das nur scheinbar von der Krankheit abhängige Verhalten. Mit fatalen
Folgen für die Therapie: Wenn ein Schiefhals korrigiert
wird, dann stärkt das noch nicht automatisch „das Rück-
grat" der Person und damit das Selbstvertrauen im Umgang mit anderen Menschen. Die richtigen Medikamente
retten zwar den Körper aus der tödlichen Krise des Herz-
infarkts, beseitigen jedoch weder Leistungsangst noch
Potenzprobleme. Deshalb tritt gelegentlich eine andere

Krankheit an die Stelle der alten Beschwerden und drückt erneut den Mangel an Lebensmut durch den Körper aus.

Hier zeigt sich das Dilemma jeder Hilfeleistung, mit dem alle Dienstleistungsberufe vom Arzt bis zum Juristen zu kämpfen haben. Die Befreiung von einem Problem und die Aufhellung des Lebensgefühls sind zwei unterschiedliche und keineswegs positiv miteinander verknüpfte Vorgänge. Ein gewonnener Prozeß macht aus einem Streithammel selten einen Friedensengel, im Gegenteil... Der wegen Schmerzen pensionierte Junglehrer wird vielleicht die freie Zeit nutzen, um alle Welt auf seine traurige Lage hinzuweisen, statt die verbliebene Gesundheit zu pflegen...

Durch die Veränderung der Lebensumstände entsteht erst einmal (und vor allem) eine empfindliche Lücke im gewohnten Alltag. So wie im Schaufenster einer Modeboutique, aus dem die bisher ausgestellten Kleider und Accessoires bereits ausgeräumt wurden, die neuen Kostüme und Mäntel dagegen fehlen. Für die Kundschaft ist die gähnende Leere in der Auslage ziemlich unattraktiv. Sie reizt schließlich weder die Neugier, noch kurbelt sie die Kauflust an. Man wartet gespannt auf das aktuelle Angebot – und ist sehr enttäuscht, wenn nach kurzer Zeit keine Modelle auftauchen, die den vorherrschenden Trend sichtbar machen.

Was für Konfektion und Konsum gilt, das trifft auch auf die Art und Weise zu, wie viele Menschen ihre Lebensführung planen. Sie wollen vor Augen haben, was zu ihnen paßt, damit sie wissen, wonach sie eigentlich suchen. Ohne Orientierung ist eine gezielte Entwicklung unmöglich. Und so gibt es auch in der eigenen Persönlichkeit so etwas wie ein Schaufenster, das die Wunschvorstellungen und Perspektiven des einzelnen zeigt. Jemand stellt sich dabei vor, wie das Familienleben, die berufliche Zukunft und der gesellschaftliche Fortschritt sein sollen (oder wie nicht).

In Krisenzeiten oder als Folge von Enttäuschungen und

Mißerfolgen kommt es dazu, daß die Betreffenden ihre bisherigen Ideen zum Sperrmüll der verlorenen Illusionen geben. Dann ist guter Rat teuer, die inneren Zweifel an der Richtigkeit des eigenen Weges nehmen zu und blockieren die weitere persönliche Entwicklung. Wer hier vorwärtskommen will, der muß sich konkret vorstellen können, wie sein Leben aussieht, sobald die gesetzten Ziele erreicht sind. Erst wenn die Phantasie nicht mehr von der Zensur der Ängste und Befürchtungen beschnitten wird, kann jemand dem Inquisitionstribunal des negativen Denkens entkommen.

Das betrifft etwa den eigenen Körper. Es macht einen großen Unterschied, ob wir uns von Kopf bis Fuß zur biologischen Abbaumasse rechnen oder nicht. Fitneß, Belastbarkeit und Kondition sind in jedem Lebensabschnitt zu steigern, die Freude an der Vitalität kennt fast keine Altersgrenze. Es kommt nur darauf an, sich (noch) eine Chance auf Entwicklung zu geben, statt alle Möglichkeiten abzuschreiben: „Mein Körper ist lebendig und leistungsfähig!"... Eine solche Formel darf allerdings nicht dazu animieren, der Realität mit der Vorspiegelung falscher Tatsachen und frommen Wünschen aus dem Weg zu gehen.

Sie soll vielmehr dabei helfen, trotz aller auftretenden Schwierigkeiten innerlich auf dem gewünschten Kurs zu bleiben – und sich immer wieder daran zu erinnern, wenn das Vertrauen in die Zukunft zu schwanken droht. Das gilt für alle Seiten der Persönlichkeit, durch die wir täglich das Ausmaß unserer Lebensqualität bestimmen. Neben dem Organismus ist das der Intellekt: „Mein Konzentrationsvermögen und mein Gedächtnis sind entwicklungsfähig!"... Auch das Gleichgewicht der Gefühle verdient eine ständige gedankliche Pflege: „Ich bin gelassen und zuversichtlich!"...

Niemand lebt gerne isoliert und ohne harmonische Beziehungen zu anderen Menschen. Entwickeln Sie auch für diesen Bereich Ihres Alltags eine konstruktive Idee; das bekannteste Beispiel zu diesem Thema ist sicher das biblische: „Ich liebe meinen Nächsten wie mich selbst!"... Das „mentale Training" ist die Software zu einer sinnvollen Weiterentwicklung des eigenen Lebensweges. Aber es reicht natürlich nicht aus, die persönlichen Ziele als positive Vorsätze zu formulieren und ständig in Gedanken zu wiederholen.

Wer sich auf das „Philosophieren" beschränkt, der läuft Gefahr, aus der rauhen Wirklichkeit in ein Wolkenkukkucksheim zu flüchten und sich deshalb im Labyrinth des Lebens zu verirren. Das Programm der klar formulierten Perspektiven braucht seine praktische Umsetzung. Was als maximales Ergebnis vorgedacht wird, muß durch machbare Schritte verwirklicht werden, am besten im 24-Stunden-Takt: „Welche Laufstrecke nehme ich mir heute Nachmittag vor, um Kondition und Ausdauer weiter zu steigern?" – „Wieviel Zeit habe ich in dieser Woche täglich zur Verfügung, um mein Gedächtnis zu trainieren?"

Der Weg zum Erfolg setzt sich aus überschaubaren Zwischenzielen zusammen. Eine „Seilbahnmentalität", die das mühelose Hinüberschweben vom unvollkommenen Hier und Jetzt ins ideale Schlaraffenland erträumt, ist die sichere Grundlage des persönlichen Scheiterns. Für den „Pragmatiker", der jenseits des Tellerrands seiner laufenden Verpflichtungen keine persönliche Zukunft sieht, wird es dagegen Zeit zu weitreichenderen Lebensplänen. Sonst verschleißt er sich im Alltagsgeschäft, ohne so recht zu wissen, wozu er eigentlich den ganzen Aufwand treibt.

Alles, was Sie sich zu denken erlauben, werden Sie auch bewußt in Angriff nehmen – ganz gleich, wie lang der Weg dorthin noch ist.

Am besten fangen Sie gleich heute damit an.

14. Die Fixierung der eigenen Hilflosigkeit

„Ich will ja, aber ich kann nicht!" Auf diesen einfachen Nenner läßt sich ein Problem bringen, mit dem wahrscheinlich jeder schon einmal zu kämpfen hatte. Man nimmt Anlauf, um etwas Wichtiges zu erledigen (etwa einen dringenden Brief an das Finanzamt zu schreiben) – und schafft es nur unter großen Schwierigkeiten, erst nach längerem Anlauf oder überhaupt nicht. Selbst derjenige, der seine Korrespondenz sonst leicht erledigt, kommt plötzlich ins Schleudern. Es fällt ihm einfach schwer, einige passende Sätze zu formulieren, sie niederzuschreiben, das Ganze in einen Briefumschlag zu stecken und zur Post zu geben.

Statt dessen sitzt er vor dem Computer, sucht nach den richtigen Worten und fragt sich, warum er bloß die „paar lächerlichen Zeilen nicht zu Papier bringen kann". Im Kopf ist ein leichter Druck zu verspüren, der das Nachdenken zu behindern scheint. Immer wieder steht der Betreffende vom Schreibtisch auf, geht unruhig durch das Zimmer und versucht, die Gedankengänge zu ordnen. Aber es mißlingt, so daß er sich zunehmend Vorwürfe wegen seines Versagens macht. Jeder Vorwand (vom Abendessen bis zu einem „ganz dringenden" Anruf) ist dann hoch willkommen, um die Erledigung des Briefwechsels auf den nächsten Tag zu verschieben.

Erfahrungsgemäß wird dieser innere Konflikt mit jedem Versuch zu seiner Lösung größer. Einerseits erinnert das „schlechte Gewissen" immer penetranter an die liegengebliebene Korrespondenz. Und gleichzeitig wächst das Unbehagen daran, die lästige Aufgabe unvermeidlich in Angriff nehmen zu müssen. Der innere Zwiespalt ist übrigens auch körperlich zu spüren; er führt etwa zu Verdauungsbeschwerden („Mir dreht sich schon der Magen um, wenn ich nur an diesen blöden Brief denke...“). Je nach Person kommt es auch zu akuter Kurzatmigkeit, zu Schweißausbrüchen oder Schlafstörungen.

In solchen Fällen besteht eine bekannte Methode zur seelischen Erleichterung darin, sich in andere Aktivitäten zu stürzen, damit die unangenehmen Gedanken verdrängt werden. Dieses Vermeidungsverhalten hat durchaus seine guten Seiten: Man räumt endlich den Vorratskeller auf, entkalkt die Kaffemaschine und alle Wasserhähne in der Wohnung... Doch die sorgenlindernde Wirkung des hauswirtschaftlichen Treibens ist nur vorübergehend. Weder die liebevoll aufgetürmten Gemüsekonserven noch die kürzere Füllzeit der Badewanne können nämlich die Abgabefristen beim Finanzamt verlängern.

So vergehen die Tage, ohne daß die Steuererklärung erledigt ist. Was als leichtes Unwohlsein bei der Abwicklung einer lästigen Aufgabe beginnt, wird dann zur zunehmenden psychischen Belastung. Und dieses Problem ist deshalb besonders bedrückend, weil der Betreffende die gestellte Aufgabe nicht bewältigt, obwohl er eigentlich dazu in der Lage wäre. Er fühlt sich angesichts seiner Fähigkeiten besonders gehemmt und leistungsunfähig. Immerhin hat er ähnliche Briefe an andere Empfänger schon tausendmal geschrieben. Doch die eigenen Gefühle verhindern erfolgreich, daß er so handeln kann, wie er will.

Das gilt auch für wichtige Anrufe; etwa bei der Personalabteilung, um ein Gespräch über die fällige Gehaltserhöhung zu vereinbaren. Es kann nicht daran liegen, daß es schwierig wäre, das Telefon zu bedienen – also den Hörer abzunehmen, die betreffende Nummer zu wählen und auf die Meldung des Teilnehmers am anderen Ende der Leitung zu warten. Das ist kein Problem, und trotzdem zögert der Betreffende, seine Absichten auszuführen. Man kann sich auch vorstellen, warum. Schließlich steht viel auf dem Spiel, die Besprechung könnte ungünstig ausgehen und damit der Karriere schaden.

„Ist jetzt überhaupt der richtige Zeitpunkt für einen solchen Schritt gekommen? Oder sollte ich nicht besser bis zum nächsten Quartal warten? Wie wird wohl die Geschäftsleitung auf meinen Vorstoß reagieren?" Hier entsteht ein Konflikt, der den Betreffenden zögern läßt. Auf der einen Seite meldet der Verstand seine Absichten an („Mehr Geld nach längerer Betriebszugehörigkeit"). Doch gleichzeitig entstehen emotionale Vorbehalte („Wer zu viel fordert, der setzt vielleicht alles aufs Spiel!"). Dieses Dilemma hemmt die Entscheidungsfähigkeit und schränkt damit den persönlichen Handlungsspielraum ein.

Das erste schwere Hindernis im Umgang mit Problemen scheint die Berührungsangst zu sein; also die Scheu davor, eine praktische Lösung in Angriff zu nehmen. Wer ins Grübeln gerät, statt zügig und besonnen zu handeln, der wird schnell unsicher. Er beginnt, sich immer ausgiebiger mit der Furcht vor den möglichen nachteiligen Konsequenzen zu plagen: der Ablehnung durch den Chef, dem negativen Vermerk in der Personalakte, den gehässigen Bemerkungen der Kollegen. Je länger die Phase des unsicheren Abwägens andauert, um so stärker nehmen auch die Skrupel zu.

Oft entscheiden also die wenigen Sekunden vor Beginn einer Handlung, ob jemand auf Erfolg setzt oder eher einen Mißerfolg befürchtet. Diese grundlegende Weichenstellung findet gefühlsmäßig statt und ist das Ergebnis von zentralen Prozessen in der Persönlichkeit, die automatisch ablaufen. Ihr Auslöser ist das Sicherheitsbedürfnis. Es prüft ständig nach, wie stark der einzelne durch die Umgebung oder sich selbst gefährdet wird. Der Werkschutz des Individuums beobachtet dabei das ganze Spektrum der möglichen Bedrohungen – vom aufkommenden Regenwetter über die grimmigen Gesichter der Mitmenschen bis zum Angriff von Viren auf das Immunsystem.

Niemand kann vollständig wahrnehmen, was um ihn

herum vorgeht, denn der Alltag ist viel zu komplex. Wer einmal bewußt versucht, in einer Fußgängerzone oder bei einem Waldspaziergang so viele Eindrücke wie möglich zu sammeln, der spürt bald den Protest seines Gehirns. Mit Hilfe des Kopfschmerzes sorgt es dafür, daß wir aufhören, die Sinnesorgane mit Reizen zu bombardieren. Unser Selbsterhaltungssystem ist bemüht, jede Überforderung zu verhindern und den nötigen Überblick zu behalten. Aus der Unmenge von vorhandenen Informationen werden deshalb diejenigen herausgefiltert, die wichtig genug erscheinen, um die Situation richtig zu beurteilen.

Das geht in Bruchteilen von Sekunden vor sich und damit schneller, als der Verstand erlaubt. In vielen Augenblicken signalisiert uns deshalb zuerst ein Gefühl die persönliche Einschätzung der Lage: „Die Stimmung in diesem Verein ist einfach Klasse!" – „In der Einkaufsabteilung herrscht eine kalte Atmosphäre." Erst mit Verzögerung untersucht der Intellekt die möglichen Gründe für das intuitive Wohlbefinden oder Mißbehagen und gibt danach die entsprechenden Gedanken aus: „Das liegt natürlich daran, daß alle Leute so kameradschaftlich miteinander umgehen." – „Wenn jeder nur auf seine Karriere achtet, dann kann doch überhaupt kein Gemeinschaftsgeist entstehen!"

Man findet jemanden sehr schnell sympathisch (abstoßend, attraktiv, uninteressant...), ohne unbedingt immer genau erklären zu können, warum. Bei näherem Befragen würde sich aber herausstellen, daß wir unbewußt und in kürzester Zeit eine ganze Reihe von Beobachtungen über den Betreffenden gesammelt und daraus unsere Schlüsse gezogen haben. Die Haltung und der Gesichtsausdruck einer fremden Person werden ebenso kriminalistisch begutachtet wie Gestik, Stimme und Bekleidung. Anschließend bewertet unser psychischer Sicherheitsdienst im Schnellverfahren alle ausgewählten Informationen und legt damit den ersten Gesamteindruck fest.

Erst, nachdem dieses Ergebnis feststeht, ist der Verstand

an der Reihe und darf sich als Regierungssprecher des „Ich" betätigen. Seine Aufgabe besteht vor allem darin, das Resultat der vorgenommenen Untersuchungen zum Ausdruck zu bringen und durch logisch aufgebaute Gedankengänge zu rechtfertigen – wir machen uns auf intellektuellem Weg eine Entscheidung bewußt, die aber keineswegs auch „vernünftig" sein muß. So kommt etwa ein Vereinsmitglied zu dem Schluß: „Den Müller sollten wir zum Schatzmeister wählen. Er wirkt so seriös und sieht aus, als könnte er mit Geld umgehen." Dichtung oder Wahrheit, Vorurteil oder Spürsinn?

Man weiß es zwar nicht genau, legt sich aber trotzdem fest (und muß das tun, weil die eigenen Gefühle keine Verzögerung dulden). Wegen der großen Bedeutung für die persönliche Orientierung ist uns der erste Eindruck von einem Menschen eben viel zu wichtig. Und deshalb korrigieren wir ihn aus „Vernunftgründen" höchst ungern. Das eingespielte Fahndungsraster kann in einigen Fällen sehr sinnvoll sein, wird aber gelegentlich von unausgegorenen Vorurteilen mißbraucht: „Also, die Flotterbeck ist überhaupt nicht für unsere Buchhaltung geeignet. Eine Frau mit dieser tollen Figur hat wahrscheinlich viel zuwenig Grütze im Kopf."

Solche abgedroschenen Männerphantasien haben nicht nur schlimme Folgen für die mental begrapschte Stellenbewerberin, der man den Job verweigert. Das Beispiel enthüllt auch die folgenschwere Hilflosigkeit in bezug auf das eigene Denken und Fühlen, und zwar gleich in doppelter Hinsicht. Zum einen sucht sich niemand bewußt aus, welche Reize ihm („ganz spontan") gut oder schlecht, hervorragend oder unbedeutend erscheinen. Ob aufreizender Körperbau, rhetorische Fähigkeiten oder soziales Imponiergehabe – das Gehirn wählt diejenigen Informationen aus, die es wichtig finden will, lange bevor der Verstand überhaupt Stellung dazu nehmen kann.

Andererseits gibt es fast keine Möglichkeit, den Wert und die Berechtigung seines ersten intuitiven Urteils zu bezweifeln. Wenn ich jemanden gefühlsmäßig ablehne („Wer so unterwürfig grinst, der kann es nicht ehrlich meinen!"), dann ist dieser Eindruck die automatische Grundlage des darauf folgenden Verhaltens: Ich bin auf der Hut, beobachte aufmerksam meinen Gesprächspartner und versuche herauszufinden, welche Probleme es wohl mit ihm geben wird. Es ist eben schwer, die inneren Vorbehalte zu ignorieren. Schließlich könnte „so viel Leichtsinn" schlimme Folgen haben...

„Intuition" ist kein passives Sich-treiben-Lassen oder Getrieben-Werden, auch wenn der „freie Wille" nur minimalen Einfluß darauf hat. Denn hier entscheidet immerhin die eigene Persönlichkeit und keine fremde Macht, die einem ihren Willen aufzwingt. Oft bedeutet das ein gutes Zusammenspiel zwischen spontanen Eindrücken, kritischem Nachdenken und abwägendem Entscheiden auf dem Hintergrund der Lebenserfahrung. „Ganz unbewußt" findet so der tüchtige Elektriker den Kurzschluß, und der gute Hausarzt entdeckt „instinktiv", was hinter der plötzlichen Kreislaufschwäche steckt.

Während hier die „Verhaltensautomatik" von Vorteil ist, kann es auch passieren, daß wir einer Entwicklung hilflos gegenüberstehen. Das geschieht immer dann, wenn unser Sicherheitssystem eine Bedrohung zu erkennen glaubt, gegen die es keinen ausreichenden Schutz kennt. Dieses Problem ist jedem vertraut, der schon einmal an Schlafstörungen gelitten hat. Bereits beim Aufwachen entsteht das unangenehme Gefühl, daß die kommende Nacht wohl wieder so unruhig verlaufen wird wie die letzte. Wahrscheinlich versucht der Betreffende, sich gegen die Mißstimmung zu wehren. Doch es ist ihm kaum möglich, das Unwohlsein im Verlauf des Tages zu vertreiben.

Liegt dieser Unglücksrabe dann endlich im Bett und schläft nicht sofort ein (was normalerweise ja nie passiert), dann verspürt er eine starke nervöse Erregung. Heftiges Herzklopfen, motorische Unruhe und Atembeklemmung beweisen die Richtigkeit der schlimmsten Befürchtungen:

„Jetzt ist der unangenehme Zustand also doch wieder da. Ich habe ja schon vorher gewußt, daß ich nicht zur Ruhe komme!" Mit Hilfe der vegetativen Erregung, die das Streßverhalten steuert, sorgen unsere Ängste für den Beweis ihrer Richtigkeit – und lähmen gleichzeitig jede Kritik und mögliche Änderungsversuche von seiten des Verstandes.

Als Folge davon verstärkt (und verfestigt) sich das ursprüngliche Gefühl der Hilflosigkeit. Am nächsten Morgen sieht der Betreffende mit noch stärkerer Aufregung als gestern dem kommenden Abend entgegen. Das löst mit Sicherheit eine gesteigerte Unruhe beim Zubettgehen aus, wodurch das Einschlafen noch schwerer fällt. Hier findet ein dramatischer Lernprozeß statt, der zur situationsbedingten Selbstblockade der Persönlichkeit führt. Deshalb rüttelt jemand mit Prüfungsängsten vergeblich an der verklemmten Tür seines Gedächtnisses. Und der Schmerzpatient wartet derart ängstlich auf die Verhärtung der Nakkenmuskulatur, daß diese schließlich von der nervösen Erregung zur Verkrampfung gezwungen wird.

Jede Störung, die mehr als nur gelegentlich den Sand ins Getriebe des Alltags bringt, erweitert das automatische Kontrollprogramm der individuellen Sicherheitsüberprüfung. Zu diesem Zweck werden Schlüsselreize gespeichert, die wir mit den entsprechenden Ereignissen in Verbindung bringen. Das kann ein Stirnrunzeln des Gesprächspartners sein, das an die Zornesausbrüche des Großvaters erinnert (und damit den Ausbruch von Aggressionen ankündigt). Oder es entsteht ein mulmiges Gefühl in der Magengrube, das davor warnt, durch ein allzu waghalsiges Überholmanöver den nächsten Unfall zu riskieren.

Manche Menschen sind zu Spezialisten in der Vorahnung von potentiellen Katastrophen geworden. Sie haben sich in jahrelanger, mühevoller Kleinarbeit darauf trainiert, ihre Hilflosigkeit zu kultivieren. Die Aufmerksamkeit sucht ebenso beharrlich wie lustvoll nach Hinweisen auf eventuelle Unannehmlichkeiten. Der zweifelhafte Erfolg bleibt nicht aus, weil der „sechste Sinn" bei allen möglichen Reizen Alarm schlägt und ein bedrohliches Gefühl hervorruft. Das geht manchmal so weit, daß man auch bei friedlichen Zeitgenossen Verrat wittert; diese Misanthropie ist (etwa beim Geheimdienst) sogar beruflich zu verwerten.

Eine andere Spielart von negativer Überempfindlichkeit prägt den Umgang mancher Leute mit der Gesundheit. Kein Virus, kein Umweltgift sind selten genug, um nicht bereits im nächsten Augenblick das Schlimmste für Leib und Leben befürchten zu lassen. Schon bei leichten Unpäßlichkeiten wird der Notarzt alarmiert, und kleinere Muskelzerrungen stürzen den Betreffenden in nachtschwarze Alpträume. Sollten Sie sich weder von hinterhältigen Mitmenschen noch von heimtückischen Krankheiten bedroht fühlen, dann wird es allmählich Zeit für ein konsequentes Horrortraining.

Vielleicht beginnen Sie damit, etwas aufmerksamer nach Gefühlen des Unwohlseins zu suchen. Besonders interessant ist die Interpretation jener Mißempfindungen, die bisher nicht negativ genug gedeutet wurden: „Warum läuft meine Nase immer so stark, wenn ich an mein überzogenes Konto denke?" – „Fehlt mir direkt nach dem Urlaub die Lust an der Arbeit, weil mein Gehirn schon verkalkt ist?" – „Schaut mich der Nachbar so kritisch an, weil er mir die Wohnung wegnehmen will?"

Wenn Sie immer noch zu den unrettbaren Optimisten gehören, dann müssen Sie (als letztes Mittel) Ihre Unfähigkeit beschwören, die anstehenden Menschheitsfragen zu lösen: „Wieso sehe ich so ohnmächtig dabei zu, wie die Kontinente auseinanderdriften?" – „Warum bin ich immer noch nicht in der Lage, das Ozonloch über der Arktis zu schließen?"

Das sind aber nun wirklich äußerst beängstigende Anzeichen Ihres hilflosen Versagens!

15. Die Schreckenskammer
der Gefühle

Gefühle sind die unberechenbarsten Faktoren des menschlichen Lebens – das können Rechtsanwälte und Militaristen gleichermaßen bestätigen. Die Juristerei wäre eine brotlose Kunst, wenn sich die Menschen nicht ständig mit Zank und Streit in den Haaren lägen. Die Gesetzgebung entwirft einen Paragraphen nach dem anderen, um das Zusammenleben der Bürger vor der Unwägbarkeit des menschlichen Handelns zu schützen. Habgier, verbotene Leidenschaft und Totschlag wurden schon immer vor Gericht verhandelt. Daran hat sich bis heute nichts Wesentliches geändert.

Und auf dem Kasernenhof herrschte für Jahrhunderte stets eine „eiserne Disziplin". Sie sollte unter anderem verhindern, daß dem Rekruten vor lauter Angst im Schlachtgetümmel das „Herz in die Hosen fällt" – und daß das Mitleid (als „Weichlichkeit der Jammerlappen" apostrophiert) die Kampfmoral gefährdet. Der säbelrasselnde Haudegen alter Sorte kennt zwar die „vaterländische Begeisterung", an der er sich berauscht. Ansonsten begründet er seine Daseinsberechtigung mit der aggressiven Hinterhältigkeit des Feindes, welcher bekanntlich überall lauert. Andere Empfindungen von Soldaten und Zivilisten sind ihm eher verdächtig, weil sie das Schwarzweißgemälde seiner Weltordnung in Frage stellen.

Andererseits lief auch beim Militär nichts ohne Emotionen. Denn „Todesmut" und „Kameradschaftsgeist" waren allenthalben höchst erwünscht, Spielleidenschaft und Schürzenjägerei zumindest in Offizierskreisen durchaus standesgemäß. Die Gesellschaft ging (und geht) eben mit individuellen Gefühlen stets zwiespältig um, was an den Extremen gut zu beobachten ist. Bei „Inbrunst" und „Ekstase" etwa schieden sich schon immer die Geister. Je nachdem, ob die Erregung aus spirituellen oder aus sexuellen Gründen zustande kam, galt ihr das höchste Lob oder die tiefste Verachtung.

Das gleiche trifft auf den „Fanatismus" zu. Wenn die Raserei der eigenen (politischen, religiösen) Sache diente, pries man sie bei allen Kreuzzügen bis in unser Jahrhundert als „lodernde Flamme der Begeisterung". Die Tradition der „Heiligen Kriege" vergöttert Tod und Tötung; und zwar bei der Bekehrung von Heidenvölkern ebenso wie bei der Eroberung von Ölfeldern. Den idealistischen Killer trifft jedoch die ganze Härte des Gesetzes, sobald er seiner hochgeschätzten Mordlust auch in Friedenszeiten freien Lauf läßt. Da verlor schon so mancher hochdekorierte Soldat, Volksrevolutionär oder Friedenskämpfer endgültig den Kopf...

Private Gefühle unterliegen in hohem Ausmaß der sozialen Normierung, denn sie entscheiden darüber, ob und wie stark der einzelne zu kontrollieren ist. Das individuelle Wohlbefinden ist manchmal sogar der reinste gesellschaftliche Sprengstoff: Wer mit der Welt in Harmonie lebt, der läßt sich nur schwer durch Bußpredigten, mit aggressiven Feindbildern oder ideologischen Haßtiraden manipulieren. Man denke nur an jene Kölner Bürger, die seinerzeit aus bodenständiger Daseinsfreude ein befohlenes Blutbad verhinderten: „Warum sollen wir denn schießen? Seht Ihr denn nicht, daß da Leute steh'n?"

Andererseits fühlt sich so mancher nur deshalb wohl, weil er verhindert, von fremdem Elend zu stark berührt zu werden. Man führt dann das friedliche Leben eines Mitteleuropäers, genießt die materiellen Freuden des Daseins und beobachtet durchaus mit wacher Aufmerksamkeit die Ungerechtigkeiten auf dieser Erde. Die Hungersnöte im Sudan oder das Massensterben von Tieren bei Tankerkatastrophen bleiben indes auf den erträglichen Nervenkitzel eines Fernsehkrimis reduziert. Es ist deshalb kein Problem, nach den Nachrichten zur eigenen Tagesordnung zurückzukehren und die Seele im gepflegten Hausgarten „baumeln zu lassen".

Die eigenen Gefühle gehorchen also keinen objektiven Notwendigkeiten. Sie finden ihre Form und Grenzen unter dem Einfluß von kulturellen, religiösen und sozialen Normen – Trauer und Leidenschaft drücken sich überall auf der Welt in Haltung, Gestik und Mienenspiel sehr verschieden aus. Man denke nur an das „unergründliche Lächeln" der Asiaten oder die „stolze Grandezza" des Spaniers. Doch die Kenntnis von allgemeinen Grundmustern der Körpersprache reicht nicht aus, um genau zu verstehen, welche emotionale Wetterlage gerade jetzt die Innenwelt eines Mitmenschen durchzieht.

Dabei ist auch das momentane Auf und Ab des persönlichen Erlebens recht gut von außen zu erkennen; zumindest, wenn man den Betreffenden näher kennt. Schließlich macht beinahe niemand aus seinem „Herzen eine Mördergrube", man liest in einem anderen Menschen „wie in einem offenen Buch". Häufig genug entspricht dabei das Bild, das wir abgeben, den gängigen Klischees. Der Volksmund beschreibt sehr prägnant, wie jemand in entsprechenden Augenblicken auf die Mitwelt wirkt: Da läuft jemand als „verliebter Gockel" herum, läßt sich hängen „wie ein nasser Sack" oder „speit Gift und Galle vor lauter Zorn"...

Und trotzdem wollen wir natürlich nicht allen Zeitgenossen „auf die Nase binden", wie es um uns steht. In problematischen Situationen wird deshalb versucht, eine mehr oder minder wirksame Verschleierungstaktik anzuwenden. Etwa mit dem „Pokerface", um kühle Überlegenheit zu simulieren, oder dem „verführerischen Lächeln", um jeden kritischen Widerstand zu entwaffnen. Doch was in der Beziehung zu den anderen Leuten vielleicht funktioniert, das mißlingt im Umgang mit der eigenen Persönlichkeit. Da hat es keinen Zweck, sich etwas „vorzumachen".

Denn wenn es hart auf hart kommt, dann ist der Mensch nicht der Herr seiner Gefühle, sondern erlebt (scheinbar passiv) mit, wie diese mit ihm umspringen.

Je mehr der Verstand versucht, so intensive Empfindungen wie Wut oder Trauer zu unterdrücken, desto stärker nehmen sie zu. Damit demonstrieren sie eindringlich, daß sie sich nicht einfach verdrängen lassen. Der Ringkampf zwischen den Durchhalteparolen des Denkens und den sentimentalen Regungen endet gewöhnlich mit der Niederlage des „starken Willens". Die Novembernebel der Seele sind resistent gegen äußere klimatische Aufheiterungen. Auch wenn man versucht, sich davon nichts anmerken zu lassen – die negative Stimmung lähmt die Lebensfreude und färbt dadurch den ganzen Alltag grau in grau.

Woher kommt das? Die Lage ist ähnlich wie bei einem militärischen Fluglotsen, der tief unter der Erdoberfläche in einem Bunker sitzt. Er beobachtet die Außenwelt nur über den Radarschirm, erfährt also lediglich auf Umwegen, was draußen vorgeht. Im Normalfall reichen diese Informationen zwar aus, um die Flugbahnen von Jumbos, Düsenjägern und Raketen zu kontrollieren. Doch mit dem lebendigen Alltag hat das alles (im wahrsten Sinne des Wortes) nur entfernt zu tun. In Krisenzeiten bleibt der Betreffende ständig in seinem Keller hocken und sieht das Tageslicht überhaupt nicht mehr.

Die erlebte Wirklichkeit wird dadurch auf wenige ausgesuchte Daten reduziert, der Rest der Welt nicht mehr zur Kenntnis genommen. Wer seine Depressionen bekommt, dem ergeht es ähnlich. Er würde nach dem Aufwachen am liebsten die Bettdecke wieder über den Kopf ziehen und sich „verbunkern". Allein der Gedanke an die vielen Aufgaben, die im Verlauf der kommenden Stunden erledigt werden sollen, läßt bereits den Schädel brummen. „Es wäre so schön, von all' dem nichts hören oder sehen zu müssen!" denkt der Betreffende und versinkt in einem Gefühl von melancholischer Trägheit.

Dieser Abschaltmechanismus schottet gegen viele

Reize und Anforderungen ab. Wann immer die Mithilfe bei der Hausarbeit, die Bezahlung von Rechnungen oder das Pauken des Prüfungsstoffs anstehen – die aufkommende Mattigkeit gibt das Startsignal zum Abtauchen in den inneren Sicherheitsbereich. Dort läßt es sich (fernab der Realität) in Ruhe trauern. Denn die Phantasie malt bereitwillig die Tragik des eigenen Daseins in den düstersten Farben aus. Und ähnlich wie bei einer Computersimulation kann man gefahrlos die schlimmsten Katastrophen durchspielen, immer wieder, Tag für Tag, und Nacht für Nacht...

Das geschieht nicht mit Absicht, aber zwangsläufig, solange die depressive Verstimmung anhält. Auch hier paßt der Vergleich mit dem Radarbunker. Der Lotse vertraut der Information, die er auf dem Monitor sieht, ohne zu wissen und nachprüfen zu können, ob sie wahr ist oder nicht. Solange er dort keine feindlichen Flugzeuge erkennt, sind für ihn auch keine vorhanden, selbst wenn ganze Geschwader von Kampfbombern den Himmel verdunkeln. Wird dagegen im Rahmen einer militärischen Übung der Rechner mit falschen Daten gefüttert, dann schlägt der Soldat Alarm, weil er einen Angriff mit Atomraketen entdeckt.

Woher soll er es auch anders wissen? Der Mensch richtet sich nach dem, was Geist und Gefühl für die Realität halten. In jeder Narkose wird diese Tatsache ausgenutzt. Mit chemischen Mitteln blockiert man die Nachrichtenverbindungen vom Organismus zum Gehirn. Wegen der Betäubung gelangen fast keine Informationen über die Operation in das Kontrollzentrum der Persönlichkeit. In seiner Ahnungslosigkeit unterläßt daher das nervöse Sicherheitssystem des Körpers die Auslösung der Schmerzempfindung. Es hat schließlich überhaupt keinen Grund, Alarm zu schlagen.

Der entgegengesetzte Prozeß ist sehr eindrucksvoll beim „Phantomschmerz" zu beobachten. Hier wird jemand zum Beispiel von einem Stechen in der linken Hand geplagt, die schon vor Jahren durch Amputation verlorenging. Das Gehirn hat aber in seiner Lagekarte des ganzen

Menschen die fehlende Extremität weiterhin gespeichert, und zwar zusammen mit den damaligen Beschwerden. Sobald ein Streß (wie Wetterwechsel oder Streit) die Gefühle in Aufregung versetzt, wird alles von dieser Unruhe ergriffen, was emotional aktivierbar ist. Und dazu gehört auch die Erinnerung an jene alte Verletzung – der Patient muß deswegen leiden, die Vergangenheit tut wieder weh...

Also kann gerade eine Sinnestäuschung (ein „Phantom") zu schlimmen Erlebnissen und Ergebnissen führen. Wer allerdings jetzt über die „eingebildeten Kranken" lästern will, der sollte vorsichtig sein, daß er nicht ein Eigentor schießt. Zur Gehässigkeit besteht nämlich keinerlei Anlaß; es sei denn, man möchte jedermann ohne Ausnahme und damit alle Welt geringschätzig herunterputzen. Denn es gibt niemanden, der nicht hin und wieder (bis allzu oft) zum Opfer seiner übertriebenen Ängste und schweißtreibenden Horrorvisionen wird. Wer hätte denn noch niemals „den Teufel an die Wand gemalt", und zwar ohne triftige äußere Gründe?

Die letzten Minuten vor einer mündlichen Prüfung sind wie der Gang durchs Fegefeuer, der Kandidat schwitzt bereits „Blut und Wasser". Er malt sich mit jeder Minute genauer aus, wie ihn die Professoren erst durch die Mangel drehen und danach gnadenlos durchfallen lassen. Die Wirklichkeit kann gar nicht schlimmer sein... Da sieht jemand voller Herzklopfen dem ersten Rendezvous entgegen. Während die Wartezeit unendlich langsam verstreicht, stirbt er in Gedanken „tausend Tode". Er durchleidet schon im voraus das Schicksal, auf kühle Ablehnung zu stoßen und abzublitzen. Im entscheidenden Augenblick ist er dann das reinste Nervenbündel...

Wen's nicht betrifft, der schüttelt vielleicht darüber den Kopf, „wie man sich nur so verrückt machen kann". Aber geht es ihm in anderen Situationen nicht ganz ähnlich? Hier einige Kostproben: Jemand fürchtet wegen der Zinsentwicklung so sehr um den Erhalt des Reihenhäuschens, daß er deswegen bedrohliche Herzbeschwerden bekommt.

– Ein Fußballfan wird von schweren Schlafstörungen geplagt, weil er jede Nacht im Traum die nächste Niederlage von Bayern München durchlebt. – Seit ihrem 45. Geburtstag glaubt eine Verkäuferin, die Kolleginnen wollten sie aus der Firma ekeln; sie wittert überall Intrigen und leidet mittlerweile an Magengeschwüren.

Die dramatischen Visionen von Mißerfolg, Bestrafung und Untergang sind keine harmlosen Gedankenspiele, nur weil sie den Mitmenschen „absurd" vorkommen. Das erlebt vielleicht auch die Tochter, die nach Jahren wieder einmal bei den Eltern übernachtet. Am Abend geht sie auf einen Kneipenbummel in die Stadt und kommt erst spät in der Nacht zurück. Dann kann es passieren, daß sie die gleichen Schuldgefühle empfindet, die auch während der Pubertät vorhanden waren. Prompt schleicht sie auf Zehenspitzen in ihr Zimmer wie jemand, der etwas Verbotenes getan hat und nicht erwischt werden will.

In diesem Augenblick spielt es überhaupt keine Rolle, daß die „Übeltäterin" bereits 35 Jahre alt und selber Mutter ist. Ihre innere Wirklichkeit macht nämlich einen Zeitsprung rückwärts und bestimmt auf dieser Grundlage den Zustand der Gefühle; das ehemals junge Mädchen diktiert das Empfinden der jetzt erwachsenen Frau. Das individuelle Erleben findet also auf einem doppelten Boden statt. Einerseits nimmt man die Welt zur Kenntnis, wie sie rein äußerlich ist – in diesem Fall etwa die Jahreszeit, die Einrichtung der Wirtshäuser, den Weg der Taxifahrt, die Architektur des Elternhauses.

Doch gleichzeitig läuft in der Psyche ein unangenehmes Kontrastprogramm ab. Dort wird ein alter Seelenkrimi als private Zwangsvorstellung gezeigt. Und für das persönliche Befinden ist im Zweifelsfall immer die Geschichte maßgeblich, die in der Schreckenskammer der eigenen Gefühle spielt. Das führt nicht nur zu psychosomatischen Beschwerden als körperlichem Ausdruck von Versagensängsten oder Depressionen. Wir werden außerdem „unrealistisch" und legen deshalb ein Verhalten an den Tag, das der

vorhandenen Stimmungslage entspricht. Wie schon das bekannte Beispiel zeigt: Ein unsicherer Radfahrer wird ganz
bestimmt über jenen Stein stürzen, vor dem er sich so heftig fürchtet.

Falls Sie sich in Ihrem bisherigen Leben weitgehend
wohl gefühlt haben, dann sind Sie wahrlich zu gut davon-
gekommen. Es wird deshalb Zeit, Ihre inneren Abgründe
näher kennenzulernen und liebevoll auszugestalten. Für
den Anfänger sind negative Vorstellungsübungen vor dem
Einschlafen wärmstens zu empfehlen. Er hat dann die
ganze Nacht lang Zeit zur Entwicklung von dauerhaften
Alpträumen. Beginnen Sie eher spielerisch mit allgemeinen Themen: „Wie ich am Montblanc mit der Seilbahn ab-
stürze..." – „Wie ich eine Million Mark im Lotto gewinne
und dann der Koffer mit dem ganzen Geld verbrennt..."

Der Phantasie sind keine Grenzen gesetzt, es kommt
nur auf ein möglichst schlechtes Ergebnis an. Der fortgeschrittene Horrorspezialist durchleidet jedoch in seinen
Visionen mit Vorliebe die katastrophalen Mißgeschicke
des Alltags: „Was mein Chef mit mir macht, nachdem ich
bei der Weihnachtsfeier die Mousse au Chocolat auf seinen
Anzug gekippt habe..." – „Womit sich mein Nachbar
rächt, weil ich vor ihm in die Parklücke gefahren bin..." –
„Welche Schritte die Vorstandskollegen unternehmen, um
meine Wiederwahl zu verhindern..."

Die Krönung Ihrer Bemühungen wäre aber eine robuste
Verzweiflung in bezug auf die weitere Zukunft. Trainieren
Sie dazu Ihren Einfallsreichtum: „So sieht es aus, wenn ich
mir als heruntergekommener Straßenmusikant mein Geld
verdienen muß..." – „Welches erbärmliche Schicksal auf
mich wartet, wenn ich im nächsten Leben als Grottenolm
auf die Welt komme." Es dürfte Ihnen schon in wenigen
Wochen gelungen sein, zum beständigen Orakel Ihres persönlichen Niedergangs zu werden.

16. Wie gewinne ich meine Sicherheit?

Wer versucht, Selbstzweifel und Hilflosigkeit in den Griff zu bekommen, dem ist mit Ursachenforschung allein kaum geholfen. Es reicht nicht aus, zu erkennen, warum bei einem Streit mit dem Chef „der Kragen platzt", „die Galle überläuft" oder „das Herz in die Hosen rutscht". Jeder Psychologe weiß aus eigener Erfahrung, wie schmerzlich es ist, zwar genau zu wissen, wo bei einem Konflikt „der Hund begraben liegt" – und trotzdem seine alten Fehler bei nächster Gelegenheit zu wiederholen. Man muß auf jeden Fall das bisherige Verhalten ändern, damit ein Problem tatsächlich aus der Welt geschafft werden kann.

Doch solchen Veränderungen der Persönlichkeit steht die menschliche Natur mit ihrer physiologischen Alarmanlage im Wege. Bekanntlich sorgt der vegetativ gesteuerte Streßmechanismus seit den Tagen der Neandertaler für blitzartige, aber ziemlich grobschlächtige Reaktionen in Krisensituationen. Mit Angriff, Flucht oder Starrheit beantwortet der „homo sapiens" alle möglichen Gefahren; als da wären die Attacke von wilden Tieren, der drohende Blitzschlag oder das Herabstürzen einer Lawine. Hier geht es um das nackte Überleben, und nur für diese Notfälle wurden wir von der Evolution ausgestattet.

Im Verlauf der Jahrtausende haben sich die Krisen geändert, viele Konflikte sind mittlerweile nur mit Hilfe des Kleinhirns und nicht unter dessen Abschaltung zu lösen. Aber ausgerechnet die „kleinen grauen Zellen" werden vom Uralt-Programm der Überlebensautomatik blockiert. Es kann ja durchaus befreiend sein, sich den herumtobenden Chef als wutschnaubendes Wisent vorzustellen; doch es ist weniger zu empfehlen, ihn mit einer Keule durch die Werkskantine zu jagen. Da muß man sich im entscheidenden Augenblick schon etwas „Intelligenteres" einfallen lassen.

Der Gedanke, die unaufhörlich dahinquasselnde Großtante mit einer herabdonnernden Gebirgslawine zu vergleichen, sorgt gewiß für innere Heiterkeit und bringt seelische Erleichterung. Es ist aber wesentlich leichter, vor den alpinen Geröllmassen zu flüchten, als der lieben Verwandtschaft zu entkommen. Wer nicht zum Einsiedler werden will, der braucht viel „Fingerspitzengefühl", um trotz seiner Frustrationen immer wieder auf andere Menschen zuzugehen. Kurzum: Die Alltagsprobleme der Gegenwart sind häufig nicht mehr so zu bewältigen, wie dies unsere prähistorisch programmierte, nervöse Steuerung vorsieht.

Der Verstand muß vielmehr auch in streßintensiven Augenblicken den Überblick behalten, und die Gefühle dürfen nicht allein von Nervosität, Angst und Panik bestimmt werden – erst dann nimmt die Selbstsicherheit zu. Sonst gleichen die Problemlösungen des Alltags dem Großeinsatz der Feuerwehr, die einen brennenden Papierkorb ebenso massiv wie erfolgreich bekämpft. Die Flammen sind dann wohl gelöscht, doch die Möbel, Teppiche und Akten im ganzen Zimmer sind anschließend nicht mehr zu gebrauchen. Genausogut könnte man versuchen, die mangelhaften Zündkerzen im Automotor durch ein fahrbares Lagerfeuer zu ersetzen.

Es ist sehr menschlich, nach Hilfe und Unterstützung zu suchen, wenn die persönlichen Fähigkeiten scheinbar nicht ausreichen, um eine Schwierigkeit aus der Welt zu räumen. Das macht die Faszination von Heilslehren und Heilsmethoden aus, und hierin begründet sich auch die Macht von Spezialisten, Propheten und Wundertätern jeglicher Art. Doch Vorsicht: So gerät jemand sehr leicht bei Geldschwierigkeiten, Gesundheits- oder Glaubensproblemen in gefährliche Abhängigkeit. Das eigene Selbstvertrauen wird um so schwächer, je mehr wir uns im Gefühl der Ohnmacht der fremden Überlegenheit unterwerfen.

Solche Entwicklungen sind häufig bei Menschen mit einer chronischen Erkrankung zu beobachten. Der Rheumatiker greift aus verständlichen Gründen nach allem, was die beständigen Schmerzen zu lindern verspricht. Wenn der Kranke seinen Anteil an der Behandlung durch Bewegungs- und Entspannungsübungen nicht leistet, dann empfindet er das Leiden besonders unerträglich. Er sucht darum verzweifelt nach neuen Medikamenten, die die Gelenkbeschwerden ohne seine Mitwirkung „wegzaubern". Doch mit der Zeit helfen nicht einmal mehr die stärksten Arzneimittel gegen das hartnäckige Übel, weil die Eigenbeteiligung an der Gesundung fehlt.

Und damit nicht genug. Der Patient braucht schließlich eine ganze Reihe zusätzlicher Präparate: Am Abend für einen guten Schlaf, am nächsten Morgen zur seelischen Aufmunterung; und rund um die Uhr müssen Herz, Kreislauf und Verdauungssystem stabilisiert werden, um die medikamentösen Nebenwirkungen abzufangen. Zu dieser Kettenreaktion kann es also kommen, wenn man die Pflege des Wohlergehens ausschließlich an die Mitmenschen und Experten delegiert. Die vom Selbstmitleid bestimmte Passivität lähmt die Widerstandskraft und schadet damit dem eigenen Wohlbefinden.

Das gilt auch in manchen Partnerschaften, die recht einseitig zu psychologischen Service-Einrichtungen umfunktioniert wurden. Wer so die „lieben Angehörigen" manipuliert, der erwartet von ihnen, daß sie seine Selbstzweifel und Unsicherheiten in „therapeutischer Heimarbeit" beheben – als späten Ersatz für „väterlichen Schutz" oder „mütterliche Wärme", vor allem aber aus alles verzeihender und stets leistungsbereiter Nächstenliebe. Das Ganze hat selbstverständlich zum Nulltarif zu erfolgen, rund um die Uhr und an 365 Tagen im Jahr!

Mit Zornesausbrüchen oder Tränen reagiert dann der Zuwendungshungrige auf das Ausbleiben von Streicheleinheiten. Er fühlt sich „nicht verstanden", wenn auch die anderen Menschen beachtet werden wollen und Unterstützung brauchen. Denn schließlich geht es niemandem so schlecht wie ihm. Erpressungen solcher Art können für Jahrzehnte die Beziehung belasten, und der Haustyrann hat dabei das Problem aller Diktatoren: Totaler Zwang und ständige Kontrolle bedeuten keine Garantie auf innere Ruhe. Doch er setzt trotzdem weiter auf den Erfolg von Druck und Nötigung...

Der Katalog der diziplinarischen Maßnahmen bezieht sich aber nicht nur auf die Umwelt. Auch die eigene Person kann zum Opfer des übersteigerten Sicherheitsbedürfnisses werden, etwa bei den Ritualen des zwanghaften Verhaltens. Jemand duscht zu jeder Tages- und Nachtzeit, um sich vor dem Befall mit einem imaginären Todesvirus zu schützen. Die häufige Wiederholung der körperlichen Reinigung soll die tiefe Sorge um den Verlust der Selbstkontrolle besiegen. Der gejagte Krankheitserreger personifiziert in diesem tragischen Spiel die inneren Ängste. Deshalb verschwinden sie nicht, sondern wirken immer übermächtiger und bedrohlicher.

Die Geisterbahn der Seele ist ganzjährig geöffnet. Und wer von der Unerträglichkeit seiner Stimmungen auf deren baldiges Ende spekuliert, der wird allzu häufig enttäuscht. Mit den bekannten Folgen: Essen und Trinken schmecken nicht mehr, die geistigen Leistungen lassen nach. Und die Mitmenschen erlebt man wie durch einen Schleier – zwar räumlich nah, doch trotzdem weit entfernt. Aber müssen die belastenden Gedanken und Gefühle deshalb immer weiter ins triste Abseits führen? Gibt es keine Chance, durch neue Weichenstellungen den Zug des Lebens in andere Richtungen zu lenken?

Genau das ist möglich. Wer beklagt, daß er „zuviel denkt" und sich ständig „den Kopf zerbricht", der kritisiert nur den Inhalt seiner Gedanken. Er vergißt darüber, daß der Verstand eigentlich gut geschult ist, aber leider zu einseitig arbeitet. Hier setzt die entscheidende Frage an:

„Kann ich mein Denken dazu bringen, manche Schwierigkeiten in Zukunft besser zu bewältigen?" Die Antwort lautet: „Ja." Das vorhandene geistige Kapital ist nämlich wesentlich positiver zu verwerten. Man kann lernen, wichtige Zusammenhänge zu erkennen, praktikable Lösungen zu suchen und Entscheidungen so schnell wie möglich zu treffen.

Bevor sich das hohe Gebirge eines verzwickten Problems überwinden läßt, muß der mentale Bergsteiger allerdings einige Voraussetzungen erfüllen. Viele Menschen wollen „aus dem Stand" Leistungen vollbringen, die nur nach gezielter Vorbereitung und in guter Kondition zu schaffen sind (und scheitern allein deshalb!). Jemand ist also gut bedient, wenn er seine persönliche Qualifikation überprüft, bevor er an die gestellte Aufgabe herangeht: „Bin ich fit genug für die nächste Skisaison?" – „Wieviel verstehe ich überhaupt vom Aktienhandel?" – „Wie lange braucht ein Anfänger in meinem Alter, um T'ai-Chi zu lernen?"

Diese Bestandsaufnahme baut jene Hilflosigkeit ab, die durch Berührungsängste entsteht. Als nächstes geht es darum, die genauere Beschaffenheit des Problemberges zu erforschen. Das ist besonders wichtig, um die beste Route für den Aufstieg zu planen, um schwierige Hindernisse nach Möglichkeit zu umgehen und die eigenen Kräfte richtig einzuteilen. Und es schützt davor, aus Leichtsinn abzustürzen. Hier beginnt die Phantasie, den konkreten Weg nach oben durchzuspielen. Vor dem geistigen Auge entsteht allmählich ein Erfolgsfilm, der den Alptraum des Scheiterns von der psychischen Leinwand verdrängt.

„So gut geht es mir, wenn ich ans Ziel gekommen bin!" lautet das Leitmotiv für alle aufbauenden Vorstellungen, ob sie nun den Skizirkus, das Börsengeschäft oder das chinesische Schattenboxen betreffen. Solche Visualisierungen sind eine wirksame Steigerung des einfachen „positiven Denkens". Denn sie verbinden den planerischen Vorsatz: „Ich will das schaffen!" mit der Überzeugung: „Ich kann es erreichen und fühle mich wohl dabei!" Damit entsteht eine positive Vernetzung von Gedanken, Gefühlen und Verhalten – der bis dahin emotional blockierte Weg aus dem Labyrinth des Unvermögens wird frei.

Wer seine äußere und innere Sicherheit findet, der ist endlich in der Lage, bewußter und damit erfüllter zu leben. Denn bis dahin trüben Angst und Streß die Sinne und „vernageln die Welt mit Brettern". Wie anders ist es sonst zu erklären, daß ein depressiver Mensch nichts von dem genießen kann, was ein schöner Tag zu bieten hat? Die schwarzen Gedanken und bohrenden Sorgen verhindern mit ihrem Alleinvertretungsanspruch die Wahrnehmung der angenehmen Seiten des Daseins: „Dir geht es so schlecht, worüber willst du dich noch freuen? Das hat doch sowieso keinen Sinn!"

Die Folgen sind deutlich spürbar. Denn die Psyche macht die Fenster nach außen dicht, und die Gefühle schalten ihre Antennen ab. Unsere Umgangssprache beschreibt sehr genau, wie sich dieser Zustand auf den einzelnen auswirkt. Jemand „verschließt seine Augen vor der Realität", „verliert den Geschmack am Leben" und kann „keine anderen Menschen mehr riechen"… Der Alltag erscheint in jenem berühmt-berüchtigten „grau in grau", die Zeit vergeht „ohne jeden Reiz". Es kostet den Betreffenden große Anstrengung, überhaupt zuzuhören und wach zu bleiben. Er findet eigentlich nichts mehr, was ihm „unter die Haut geht".

Wenn die Seele tagtäglich nur noch mit einem dünnen Rinnsal an sinnlichen Empfindungen gespeist wird, dann trocknet sie allmählich aus. Der Mensch bleibt „in sich gekehrt" und nimmt deshalb immer weniger zur Kenntnis, was in ihm und um ihn herum tatsächlich vorgeht. In diesem Stadium beschränken wir uns zunehmend auf die Resteverwertung von alten Erlebnissen. An Stelle der täglich neuen Eindrücke bestimmen die vorhandenen Ängste und Vorurteile, wie wir die Wirklichkeit wahrzunehmen haben! Was dieses Weltbild stört, das unterliegt der Zensur des Überhörens und Wegsehens – weil eben „nicht sein kann, was nicht sein darf".

Die Befreiung von einem solchen Second-hand-Bewußtsein der Lustlosigkeit verlangt vor allem die Aktivierung der Sinne. Wenn die Augen und Ohren wieder aufgehen, die Haut den frischen Wind atmet und das Essen besser schmeckt, dann kehrt die Vitalität in das verschlossene Gemäuer der Persönlichkeit zurück. Wer mit der Steigerung der Lebensqualität warten will, bis er sich besser fühlt, der wird vermutlich niemals aus dem Gefängnis seiner Traurigkeit entkommen. Es ist ihm (noch) nicht bewußt, daß man sich zuerst für die „schönen Seiten" des Lebens öffnen muß, um den Alltag überhaupt genießen zu können.

Warum zieht es denn so viele Menschen regelmäßig hinaus „in die freie Natur"? Dort schweigt endlich der Lärm der Autostraßen, Werkhallen und Büros. Die Luft ist sauber und riecht würzig, das Grün der Bäume und Wiesen entspannt das Auge, der Atem fließt freier. Beim Spazierengehen oder Radfahren kommt der ganze Mensch in einen ruhigeren Rhythmus, das vegetative Nervensystem findet sein Gleichgewicht. Die Bewegung tut nicht nur den Füßen gut, die auf gesünderem Untergrund laufen. Auch die Muskulatur wird gleichmäßiger beansprucht und besser durchblutet und ist dadurch anschließend wohltuend entspannt.

Hier bekommen die Sinne eine starke Dosis an positiven Impulsen zu spüren. Und darin liegt der Reiz einer Aktivität, die den einzelnen von Kopf bis Fuß beschäftigt. Viele Hobbys und private Aktivitäten wollen in gleicher Weise die zermürbende Belastung durch Routine oder Streß „abschalten" und statt dessen die Seele „auftanken". Wir alle versuchen auf unterschiedlichen Wegen dieses Ziel zu erreichen. Das geht vom Alpenwandern über das Bodybuilding bis zum Choralgesang. Erlaubt ist alles, was zum ganzheitlichen Wohlbefinden beiträgt – und nicht nur einseitig auf maximale Leistung drängt.

Auch der übrige Alltag bietet genügend Gelegenheiten, um seinen Sinnen (und damit dem Gefühlshaushalt) etwas Gutes zu tun. Man muß nicht unbedingt erst bis zum Feierabend warten, damit die Seele ein paar Streicheleinheiten bekommt. Denn die vielen kleinen Pausen im Verlauf des Tages lassen sich bewußter nutzen. Etwa mit einer Atemübung nach einem Telefongespräch an Stelle der wütenden Gedanken über den unverschämten Anrufer. Oder durch appetitliche Zwischenmahlzeiten, die nicht nur gut für den Zuckerspiegel und damit das Leistungsvermögen sind; sie helfen auch, die Hektik am Arbeitsplatz besser zu „verdauen".

Und wie steht es mit Ihrer persönlichen Tagesration an spürbarem Wohlgefühl? Genießen Sie das morgendliche Duschen, oder spülen Sie nur den Körper ab? Haben Sie Freude an der Musik, oder dudeln Sie bloß Ihre Gehörgänge voll? Es wird Zeit, darauf zu achten, daß Ihnen das Sehen, Hören, Schmecken, Riechen und Tasten auf keinen Fall vergeht. Dazu gehören Fragen wie diese: „Wie kann ich mich besonders bequem hinsetzen, wenn ich kurz ausspannen will?" – „Wann genehmige ich mir ein ausgedehntes Entspannungsbad?" – „Womit belohne ich mich am Ende einer anstrengenden Woche?"

Wer seine Sinnlichkeit belebt, der kann nicht so leicht zum leblosen Leistungsautomaten erstarren, der nur noch seine Pflichten erledigt. Die bewußte Belebung der eigenen Wahrnehmung vertreibt die Gespenster der Hilflosigkeit und widerlegt die ängstlichen Erwartungen durch die konkreten Erlebnisse des Augenblicks. So entsteht Sicherheit: Indem wir fühlen, wie es uns geht, verlieren die Bedenken an Bedeutung, was passieren könnte. Es ist beruhigend, zu wissen und zu fühlen, woran man ist. Je bewußter Sie Ihr Denken formen und Ihre Empfindsamkeit pflegen, um so wirklicher leben Sie.

Am besten fangen Sie gleich heute damit an!

IV. Die letzte Frage: Was wird mit der Zeit aus mir?

17. Die Fluchtversuche aus dem „Hier" und „Jetzt"

„Zeit ist Leben", so lautet ein philosophischer Grundsatz, den viele Menschen vertreten. Unsere materialistische Kultur versteht darunter allerdings weniger die genußvolle Wertschätzung des Augenblicks nach der berühmten Devise: „Carpe diem! Nutze den Tag!" Man würde sich natürlich liebend gern den schönen Daseins des Alltags widmen, doch der volle Terminkalender läßt dafür (leider!) keinen Raum, so jedenfalls die von Hektik diktierte Ausrede. Also fallen die sinnlichen Seiten des Alltags den unaufschiebbaren Verpflichtungen zum Opfer. Und man tröstet sich mit der Hoffnung, das alles im Ruhestand nachzuholen...

Das chronozentrische Denken ist die neuzeitliche Form der Sklaventreiberei, die im Kopf der meisten Zeitgenossen ihren festen Platz hat. Es bewirkt jenen hektischen Teufelskreis der sozial programmierten Lebensführung, nach dem die meisten „humanen Produktionseinheiten" funktionieren: „Erst, wenn ich etwas schaffe, bin ich auch etwas wert!" Der Hürdenlauf zur Sicherung der Existenz gleicht einem Termingeschäft: „Bis nächsten Freitag ist der Bericht abzugeben, sonst gibt es Ärger. Innerhalb der kommenden drei Wochen sollten wir unbedingt die Meyers einladen. Und spätestens im Dezember muß der nächste Sommerurlaub gebucht werden!"

In der Geschäfts- und Arbeitswelt gilt (mit Ausnahmen) die Rentabilität pro Stunde als Meßwert für den Erfolg, denn „time is money". Leistung und Profit scheinen allenthalben dem Kalkulationsraster nach Minuten und Sekunden unterworfen zu sein – ganz gleich, ob es dabei um verabreichte Spritzen pro Patient, um montierte Waschmaschinen pro Schicht oder gepflegte Gartenfläche pro Feierabend geht. Soviel „Takt"gefühl bestimmt eben auch den Rhythmus des persönlichen Alltags. Der „Workaholic" ist darum das vollkommene Resultat dieser vitalen Fehlspekulation: Er hetzt sich zu Tode, um ja keine Zeit zu verlieren.

Dieses Verhalten beeinträchtigt neben der Gesundheit auch das Wohlbefinden. Denn die Lebensgeschichte scheint im Schnellzugtempo durchzurauschen, wenn die Tages- und Monatsabläufe wie nach Fahrplan rationalisiert werden. Dabei gibt es häufig keinen anderen Weg, um mit den vielen Belastungen und Anforderungen zurechtzukommen. Dienstplan, Familienleben und Haushalt sind aufeinander abzustimmen, damit nicht irgendwann ein heilloses Durcheinander ausbricht. Dadurch bekommt jemand zwar seine Verpflichtungen besser „in den Griff", er unterliegt aber gleichzeitig der strengen Kontrolle durch den eigenen Terminkalender. Und so vergehen die Jahre.

Unter dem Druck solcher Koordinationszwänge passiert es sehr schnell, daß die Gefühle zu kurz kommen. Liebe, Lust und Leidenschaft vertragen keine Akkord-Abwicklung – Muße und wohliges Faulenzen funktionieren nicht als 5-Minuten-Highlights. Das macht dann die traurige Kehrseite eines erfolgreich durchorganisierten Alltags aus. Je mehr die festgelegten Verbindlichkeiten den Verhaltensspielraum einengen, um so weniger kann jemand das Dasein genießen. Etwa bei einer gemütlichen Feier mit Freunden. Wer da von Zeitangst geplagt wird, der schaut häufig auf die Uhr, rutscht unruhig in seinem Sesel herum und ist in Gedanken eigentlich schon wieder am Arbeitsplatz.

Hier zerlegt der Betreffende die Einheit seines Erlebens in ihre Bestandteile und beginnt, sie gegeneinander aufzurechnen. Da wäre vor allem die quantitative Bemessung („Dauer: 217 Minuten"), dann die funktionale Bedeutung („Pflege sozialer Kontakte") oder die qualitative Bewertung („Ein herrlicher Abend"). Angesichts der vielen Termine und zurückliegenden Belastungen regt sich dann sehr schnell das Erholungsbedürfnis: „Ist der zusätzliche Streß jetzt wirklich wichtig? Wenn ich schon so viel am Hals habe, dann will ich mir jede unnötige Anstrengung ersparen."

Diese restriktive Haushaltspolitik ist sehr verständlich. Doch leider fallen ihr häufig auch jene Streicheleinheiten zum Opfer, die jemand in schwierigen Zeiten dringend bräuchte („Dafür habe ich keine Nerven!"); das wären vielleicht nur ein paar vertrauliche Worte, gemeinsame Augenblicke der Stille, die wohltuende Wärme menschlicher Nähe. Anstatt (gerade wegen der Hektik) möglichst oft psychisch aufzutanken, werden die Kuschel-Ecken für die Seele allzu schnell der eigenen Zeitangst geopfert. Mit dem Erfolg, daß sich das emotionale Defizit natürlich ständig vergrößert.

Obwohl jede Unruhe mit einem stabilisierten „Nervenkostüm" besser zu verkraften ist, setzen sich die Betreffenden weiter unter Druck. Das mag zum einen an der weit verbreiteten Vorstellung liegen, die eigenen Gefühle müßten in einen Panzer gesperrt werden. Dann könnten sie nämlich den Willen nicht mehr schwächen, und man wäre den Belastungen besser gewachsen. Der zweite Grund für das verhängnisvolle Fehlverhalten besteht in dem Irrglauben, die Zeit ließe sich eines Tages so perfekt dressieren, daß es keinen Ärger mehr mit ihr gäbe. Also versucht der hoffnungsvolle Minuten-Dompteur, das sechzigköpfige Ungeheuer an die Kandare zu nehmen.

In Erinnerung an vergangene Fehler kommt er deshalb auf die Idee, die Zukunft effizienter zu verplanen. Doch zwischen dem „Wie war ich vorhin?" und dem „Wie werde wohl ich nachher sein?" vergißt jemand sehr schnell das bewußte Leben in der Gegenwart. Das „Hier" und „Jetzt" ist nur noch das Durchgangslager auf dem Weg zu einem (hoffentlich) glücklicheren „Morgen". Darum fällt es so schwer, den Augenblick aus vollem Herzen zu genießen. Es melden sich ja umgehend die zeitgeprüften Sorgen: „Ob ich es schaffe, das Manuskript bis zum nächsten Montag fertigzustellen?" – „Heute muß ich unbedingt die Urlaubskataloge für die nächste Saison abholen, sonst sind die besten Hotels längst ausgebucht!"

Wenn solche Gedanken so sehr überwiegen, daß sie das Realitätsbewußtsein trüben, dann geraten sie zu Fluchtversuchen aus der Wirklichkeit. Denn was tragen die vielen Sorgen dazu bei, um mit dem konkreten Alltag besser zurechtzukommen? Was machbar ist (und was nicht), das wird kaum durch organisatorische Planspiele an Stelle(!) des praktischen Verhaltens entschieden. Eine straffe Zeitplanung kann also nur sinnvoll sein, solange sie dabei hilft, die Stunden besser zu organisieren, um Raum für die Steigerung des Wohlbefindens zu schaffen. Und das hängt bekanntlich davon ab, was wir in der Gegenwart erleben.

Gelegentlich geht es selbst in einem noch so pragmatischen und bodenständigen Dasein „drunter und drüber". Geschwister streiten sich vehement über die Aufteilung der Erbmasse... Die Nachbarin protestiert zum hundertsten Mal gegen den Radiolärm nach 22 Uhr... Der Chef ist „mit dem linken Fuß aufgestanden" und meckert an allem herum, was er finden kann... In solchen Augenblicken hat man manchmal das dringende Bedürfnis, weit weg zu sein – ganz gleich wo, aber bloß nicht hier! Das gilt für die räumliche Entfernung, vor allem aber für den zeitlichen Abstand.

In einer Beziehungskrise möchten die Partner am liebsten „von vorne anfangen", um die verlorene Harmonie wiederzufinden. Wer eine Fahrprüfung machen will, der ist dagegen froh, die schlimmen Wochen bis zum entscheidenden Termin möglichst bald „hinter sich zu haben". Je größer die Schwierigkeiten sind, um so weiter springt die Phantasie aus der schnöden Gegenwart. Und wenn die Wirklichkeit gar zu unerträglich erscheint, dann träumen die Betroffenen von einem Satz durch die Jahrhunderte: Könnten sie in eine utopische Galaxis „gebeamt" oder ins Biedermeier „entrückt" werden, dann wären sie in jeder Hinsicht „fein heraus".

Leider sind die Probleme nicht mit Hilfe einer Zeitmaschine zu lösen. Körper, Intellekt und Emotionen bleiben an das kontinuierliche „Jetzt" gekoppelt. Deshalb greifen die Produzenten von Film und Fernsehen dieses Thema um so eifriger auf. Die freie Bewegung durch Vergangenheit und Zukunft wirkt als beständige dramatische Verlockung, gerade weil sie so unmöglich erscheint. Und damit ist der Kassenerfolg fast vorprogrammiert, denn das künstlerische Produkt bietet mehr als ein ideenreiches Spektakel. Kostümfilme und Weltraumspektakel führen die Vision einer Befreiung von den Schattenseiten des Alltags vor.

Mit Robin Hood (im Sherwood Forest) und Captain Kirk (auf dem Raumschiff „Enterprise") siegen die Stellvertreter des Ich in fernen Welten; eine Sehnsucht, die das laufende Bild seit seinen Anfängen im „Nickelodeon", dem Groschenparadies für die einfachen Leute, für wenige Minuten befriedigt. Doch die Erlösung von der schnöden Gegenwart endet nach der Vorstellung im Katzenjammer des Tageslichts, Schulden und Streitigkeiten melden sich mit dem Alltag zurück. Der Medienkonsument unserer Tage flüchtet vor den realen Sorgen in die nächste Folge seiner Lieblings-Seifenoper und betäubt sich mit „Bonanza", „Dallas" oder „Knight Rider".

Das alles ist ohne dauerhaften Erfolg, aber noch vergleichsweise harmlos. Viele Menschen greifen deshalb zu ganz anderen Mitteln, um ihr Schicksal zum Besseren zu wenden. Sie versuchen, mit Hilfe der „geheimnisvollen Kräfte des Übersinnlichen" zu Herren über Zeit und Raum zu werden. Der Traum vom „Stein der Weisen" beruht auf uralten Traditionen, was kaum verwundern kann. Versprechen doch die magischen Praktiken des Volks-, Aber- und Überglaubens ein ganzes Füllhorn an höherer Glückseligkeit. Das Spektrum reicht dabei von „ewiger Schönheit" über „unerschöpflichen Reichtum" bis zur „Reise in die Unsterblichkeit". Herz, was willst du mehr...

Als besonderer Schleichweg für Fluchtversuche aus dem

rauhen Diesseits gilt die Rückführung in ein früheres Leben. Die Methode hat ihren abenteuerlichen Chic; man wagt den Sprung im „Salto temporale" über die biologischen Grenzen der menschlichen Existenz. Die Reinkarnation wird dann als Versuch der Ehrenrettung für ein vermeintlich verkorkstes Dasein mißbraucht. Lebte ich etwa als begehrtes Edelfräulein zu Richelieus Zeiten? War ich vielleicht der stolze Indianerhäuptling „Großer Steinbruch"? Oder graste ich als Heiliges Rind am Ganges, direkt bei Kalkutta?

Alle unterschiedlichen Anläufe, der Gegenwart durch geistige Flucht in andere Zeiten und Regionen zu entgehen, haben eines gemeinsam: Sie werten die eigene Persönlichkeit ab, deren realer Existenz man weniger zutraut als dem phantasierten Idealzustand: „Als Kopie von Sean Connery (Kim Basinger...) wäre ich viel vitaler!" Solche „Ausrutscher" sind verständlich und menschlich. Doch wenn sie häufiger vorkommen, vielleicht sogar das tägliche Verhalten dirigieren, dann wird es für den Betreffenden gefährlich. Als Traumtänzer landet er nämlich keineswegs in einem irdischen Paradies, sondern höchst unsanft auf dem glatten Parkett der Wirklichkeit.

Das ist bei vielen Leuten zu beobachten, die unter Übergewicht leiden und das Heil in einer „Wunderkur" suchen, statt auf die natürlichen Fähigkeiten zu setzen. Wer so verzweifelt nach einem rettenden Strohhalm Ausschau hält, der mustert voller Neid die gertenschlanken Mannequins und durchtrainierten Athleten – und schwört sich, jeden Preis zu zahlen und alle Mittelchen zu schlucken, um demnächst genauso edel auszusehen. Davon profitieren zahlreiche Händler, die den molligen Zeitgenossen das „Präparat des Jahrtausends" mit Erfolgsgarantie verkaufen. Und die angepriesenen Pülverchen, Pillen und Säfte werden ebenso erwartungsvoll wie ungeduldig konsumiert.

Doch wie deprimierend ist dann die Konfrontation mit der (scheinbar) unattraktiven Figur beim morgendlichen Blick in den Spiegel! Die über Nacht erhoffte magische

Verwandlung bleibt nämlich regelmäßig aus. Statt dessen lagern die verhaßten Fettpölsterchen nach wie vor an den gewohnten Stellen, und das schlaffe Gewebe will sich absolut nicht straffen. Das verstärkt beträchtlich den schon vorhandenen Frust, weshalb man den Kummer mit Essen und Trinken bekämpft und dadurch erneut ein paar Gramm zunimmt. Solche Erlebnisse vergrößern einen inneren Zwiespalt, dessen Spannung kaum auszuhalten ist, je länger die Pechsträhne anhält.

Einerseits steigert die Sehnsucht nach der Traumfigur die Erwartung auf sichtbare Verbesserungen und erhöht damit die persönlichen Leistungsvorgaben: „In vier Wochen muß ich gertenschlank sein!" Dadurch nimmt der innere Kontrollzwang zu, der fortlaufend überprüft, ob die optimale Gewichtsreduktion in der erwarteten Zeit („1500 Gramm pro Tag") auch erreicht worden ist. Und andererseits untergräbt der ständige Vergleich mit dem bewunderten Idol (Julia Roberts, David Hasselhoff...) das Vertrauen, das ersehnte Ziel aus eigener Kraft noch verwirklichen zu können.

So werden also die beiden Strategien zur Flucht aus dem „Hier" und „Jetzt" vernetzt. Die Einschnürung in ein straffes Planungskorsett und der Verrat am Ich durch utopische Vorstellungen bringen die Persönlichkeit in eine schwere Krise. Das hat im Alltag seine ganz konkreten Auswirkungen. Die erreichten Erfolge fallen der überzogenen Selbstkritik zum Opfer: „Was sind schon vier Pfund in zwei Monaten, wo ich doch 20 Kilo erwartet habe!" Darüber hinaus versäumt es der Betreffende, sich kalorienbewußt zu ernähren und den täglichen Energieverbrauch durch mehr Bewegung zu erhöhen. Und das ist der wirkliche Grund, warum es keinen Fortschritt gibt.

Wenn auch Sie der schnöden Wirklichkeit entkommen wollen, dann handeln Sie ebenfalls nach diesem bewährten Muster. Dem Anfänger ist zu raten, mit leichten Wahrnehmungsübungen zu beginnen, etwa in folgender Richtung: „Wie kann ich den Tagesablauf so organisieren, daß ich drei Stunden länger arbeite, nachmittags 25 Kilometer jogge und genügend Zeit für Familie, Hobbies und Gartenarbeit übrig habe?" – „Welcher Filmstar ist attraktiver, welcher Millionär ist reicher, und welcher Jugendliche ist jünger als ich?"

Der Fortgeschrittene wird es nicht bei unangenehmen Fragen belassen. Er greift vielmehr zu organisatorischen Hilfsmitteln, um sich selber tagtäglich erfolgreich in die Enge zu treiben. Empfehlenswert ist die Anlage von Checklisten, die stets etwa 39,75 % mehr Aufgaben umfassen sollten, als in 24 Stunden zu bewältigen sind. Unwichtige Arbeiten bekommen bei dieser Methode den gleichen Stellenwert wie dringende Angelegenheiten. Nur so entsteht jene Druckwelle der massiven Überforderung, an der jeder echte „Workoholic" zu erkennen ist.

Bald sind Sie fähig zu jeder Form von unsinnigen Planspielen: „In sechs Monaten will ich so gut Geige spielen können wie Anne Sophie Mutter und so wundervoll singen wie Jessye Norman!" – „Wenn ich mich nur genügend anstrenge, dann werde ich im nächsten Jahr zum ‚Attraktivsten Goldesel der Epoche' gewählt!" – „Eine Frau wie ich müßte doch in der Lage sein, als liebende Mutter und heißblütige Geliebte genauso fehlerlos zu funktionieren wie als Haushalts-Managerin, clevere Geschäftsfrau und kreative Künstlerin!" Dank dieser Vorgaben wird es Ihnen endgültig gelingen, an der Realität zu verzweifeln.

18. Die Zerrbilder der Biographie

Ganz gleich, wie sehr uns diese Tatsache gefällt: Gegen die Zeit „ist kein Kraut gewachsen". Deshalb bleibt es unvermeidlich, zuerst älter und schließlich alt zu werden; zumindest, solange kein größeres Unglück passiert. Denn der medizinische Fortschritt hat dafür gesorgt, daß die Menschen immer länger leben können. Und daher gibt es hierzulande eine große Anzahl von Senioren, die jedoch kein zwangsläufiges Schattendasein auf dem sozialen Abstellgleis führen müssen. Viele von ihnen sind sogar mit der Pensionierung in den überaus dynamischen „Unruhestand" geraten, der einen vollen Terminkalender und zahlreiche Verpflichtungen garantiert.

Wenn die Jahre allmählich vergehen, dann hinterlassen sie natürliche Abnützungsspuren an Körper, Geist und Seele. Doch der Geburtstermin und der biologische Erhaltungszustand entscheiden nur bedingt darüber, ob jemand „früh verbraucht" wirkt oder sich „gut gehalten hat". Dieses Erscheinungsbild hängt vielmehr stark davon ab, welches Lebensgefühl und welche Zukunftsperspektive der Betreffende „verkörpert". Solche psychosomatischen Wechselbeziehungen zeitigen höchst bemerkenswerte Folgen, vor allem auf emotionalem Gebiet: Da ist mancher Siebzigjährige „im Herzen jung geblieben", während sein Enkel vielleicht „daherschlappt wie der eigene Großvater".

Doch die Kontraste zwischen jung und alt reichen weit über individuelle Unterschiede hinaus. Gleiche Erfahrungen („Wirtschaftswunder-Ära", „Woodstock-Generation", „Rocky Horror Picture Show"...) bewirken ähnliche Einstellungen und Sichtweisen. Das führt im Denken und

Handeln fast automatisch zur Abgrenzung von anderen Leuten, die da „überhaupt nicht mitreden können". Darum gehen die verschiedenen Generationen bisweilen recht unfreundlich und verständnislos miteinander um. Man lästert gegenseitig über die „Grünschnäbel" oder „Scheintoten", über die „dummen Küken" oder „Gruftis".

Darüber hinaus legen die kulturellen Normen und sozialen Konventionen fest, welche Verhaltensweisen in welchem Alter als „schicklich" anzusehen sind. Manche dieser Spielregeln verlieren mit der Zeit an Bedeutung, auch wenn sie bis dahin allgemein für unumstößlich gehalten und entsprechend verfochten wurden. Noch vor kurzem galt es etwa als „wenig angemessen", wenn sich eine fünfzigjährige Witwe neu verliebte und mit ihrem Angebeteten händchenhaltend durch den Stadtpark lief. Das fanden Verwandte, Freunde und Nachbarn (meist hinter vorgehaltener Hand) „ziemlich unmöglich" und sprachen ironisch bis abfällig davon, daß „die alte Scheune brennt".

Es gehörte viel Mut (und noch mehr Beharrlichkeit) dazu, den eigenen Gefühlen im Widerstand gegen die öffentliche Meinung treu zu bleiben. Der Hinweis auf das „altersgemäße Auftreten" schuf und schafft damals wie heute eine günstige Voraussetzung, um die Ansprüche und Gefühle anderer Menschen abzuweisen oder weniger ernst zu nehmen. Da wird dem Partner vorgeworfen, daß er sich „kindisch" aufführt; und schon besteht vermeintlich kein Grund mehr, auf seine Empörung und Verletztheit einzugehen. Oder die Eltern belächeln die „altkluge Sprache" der fünfjährigen Tochter. Die Heiterkeit über die „wenig kindgemäße" Ausdrucksweise befreit von der Auseinandersetzung mit den Ansichten und Wünschen des Mädchens.

Die Umwelt versucht, von der Wiege bis zur Bahre starken Einfluß darauf zu nehmen, wie das Lebensgefühl von Alt und Jung aussieht. Auch die Gesetzgebung spiegelt diesen Anspruch wider; die staatlichen Regelungen berühren so unterschiedliche Bereiche wie die Schulpflicht, die sexuelle Freizügigkeit oder das eigene Testament. Dabei haben die Interessen des einzelnen nicht unbedingt Vorrang, das „Gemeinwohl" diktiert häufig die individuellen Grenzen: Jeder kann zwar „nach seiner Façon selig werden", so die grundsätzliche Meinung, doch „alles muß seine Ordnung haben"...

Soziale Verhaltensschemata und juristische Vorgaben sagen jedoch nichts darüber aus, wie wir unsere persönliche Wirklichkeit erleben. Kindheit, Jugend und Erwachsenendasein vergehen auf höchst subjektive Weise, denn jedermann ist „so alt, wie er sich fühlt". Unglückliche Menschen leiden darunter, daß sie dem „Hier" und „Jetzt" zu wenig abgewinnen können. Sie befinden sich häufig auf einer geistigen Irrfahrt durch ihre Biographie, trauern entweder den vergangenen Zeiten hinterher oder leiden bereits jetzt unter dem Horror einer eingebildeten Zukunft – sie existieren zwar in der Gegenwart, betrachten aber das Heute aus dem Blickwinkel von gestern oder morgen.

Dabei sieht nichts so einseitig und halbwahr aus wie jene Vita, an die jemand selber glauben möchte („Das war mein Leben!"). Schließlich ist es unmöglich, alles zu behalten, was jemals im Verlauf der Jahre geschehen ist. Ohne Auswahl der zu speichernden Erinnerungen wäre das Gedächtnis bald überfordert, weshalb wir viele Begebenheiten ganz einfach und gezielt auf den Müll des Vergessens werfen. Manche Leute tun dabei allerdings (des Guten?, Schlechten?) zuviel. Durch gedankliches Weglassen, Umgestalten und Fälschen von Ereignissen erfinden sie den Roman der eigenen Existenz – selten bewußt und mit Absicht, aber immer mit innerer Überzeugung.

Je nachdem, welchem Zweck das phantasievolle Kunstwerk dienen soll, bekommt es entweder einen goldglänzenden, einen rosaroten, graukarierten oder rabenschwarzen Einband. Diese Prachtausgabe mit den Werken des „Ich" kann beispielsweise als propagandistische Jubelschrift gedacht sein, getarnt als „Handbuch für seelische Denkmalspflege". Dann tragen die einzelnen Kapitel so vollmundige Überschriften wie: „Als ich noch Mamas allergrößter Liebling war" – „Mein erfolgreicher Weg zum Kreismeister im Preiskegeln" – „Wie ich einmal neben dem deutschen Bundeskanzler sitzen durfte."

Gegen ein so anrührendes Epos aus der guten alten Zeit wirkt das „Heute" wie ein trostloses Einerlei. Welches reale Erlebnis gleicht schon dem vergangenen Glück, das aus der Ferne der Jahre immer verlockender hervorleuchtet? Der schnöde Alltag hat wenig gleichwertigen Glanz zu bieten. Da sonnt sich der Betreffende lieber im Solarium der alten Erinnerungen und geht dem naturtrüben Licht der Wirklichkeit aus dem Weg. Er blättert genüßlich in der Bildergalerie verblichener Liebschaften, staubt zärtlich die vergilbten Urkunden ehemaliger Turniererfolge ab – oder träumt gar vom nie gehörten Rauschen der Wälder in der ihm völlig unbekannten Heimat seiner Vorfahren...

Die verklärende Rückschau dient keineswegs allein dem freudigen Gedenken an gestern oder vorgestern. Wer aus der Vergangenheit heraus lebt, der verfügt nämlich über wahrhaft „phantastische" Gründe, um beständig an der Gegenwart herumzumäkeln. Das bezieht sich zuerst und vordergründig aufs Private, wenn etwa die süßen Erinnerungen aus Kindheit und Jugend den Geschmack am Dasein vergällen: Schließlich waren damals die Winter viel weißer, die Kokosnüsse sehr viel größer, die Papageien noch viel bunter und alle Menschen überhaupt viel glücklicher...

Doch der gedankliche Fundus der Ewig-Gestrigen hat nicht nur eine Abteilung für verschönerte Ausstellungsstücke der persönlichen Lebensgeschichte. Hier wird auch ein reiches Sortiment an betulich-restaurativen Symbolen gehortet, die der jeweiligen Erziehung und den Ausdünstungen des Zeitgeistes entstammen; das breitgefächerte Sortiment reicht von „Schloß Neuschwanstein" über den „Förster vom Silberwald" bis zum rotbemützten Gartenzwerg. Und in einem Kleinhirnwinkel erklingt dazu die autoritäre Sehnsuchtsmelodie nach bedeutenden Vorbildern, vor allem fürstlichen Geblütes. Denn wie wenig überwältigend wirkt doch ein demokratischer Staatspräsident gegen jeden echten Monarchen!

Der „Alte Fritz", „Ludwig II." und „Katharina die Große" sind für manche Menschen von wahrhaft kolossaler Bedeutung. Denn die Gestalten der Geschichte gelten als überdimensionale Verkörperung jener Lebensprinzipien, von denen man sich angezogen (oder unter Druck gesetzt) fühlt; und zwar jenseits aller „objektiven Wahrheit". So steht etwa der berühmte Hohenzoller für die „preußische Pflichterfüllung", während der bayerische „Märchenkönig" die Tragik der Vereinsamung symbolisiert. Und die russische Zarin imponiert der Nachwelt wegen ihrer „ungezügelten Vitalität" auf dem Schlachtfeld, auf dem politischen Parkett und dem Liebeslager.

Die idealisierende Verehrung für verblichene Potentaten befriedigt nicht nur das historische Interesse. Sie ist deshalb von grundsätzlicher Bedeutung, weil viele Leute ihre private Vergangenheit auf die gleiche Weise veredeln. Die Teilnahme an den Meisterschaften im Abfahrtslauf gerät dabei zum Fast-Olympiasieg, die anerzogene Unselbständigkeit der Kinder dient als Nachweis von idealer Mütterlichkeit: „Ich bin ja so glücklich, daß ich immer noch gebraucht werde!" Auch die frühere Kleinkariertheit am Arbeitsplatz („Sie haben schon wieder einen Kugelschreiber beantragt!") erfährt ihre nachträgliche Veredelung: „Ohne mich wäre der ganze Laden zusammengebrochen!"

Hinter der unkritischen Heldenverehrung steckt mehr als nur rückwärtsgewandte Gefühlsduselei. Häufig soll die goldlackierte Erinnerung über die „Mittelmäßigkeit" und die Mißerfolge des weiteren Lebensweges hinwegtrösten. Schließlich, so meinen die Betreffenden, lag es doch nur an dem Unfall, am miesen Chef oder an der ungewollten Schwangerschaft, daß aus ihnen nicht das geworden ist, was ihnen zustand: „Mit dem körperlichen Handicap hatte ich doch bei Frauen keine Chancen mehr!" – „Wenn dieser Direktor Müller nicht gewesen wäre, dann könnte ich längst Abteilungsleiter sein!" – „Als Renate auf die Welt kam, da war für uns das sorglose Leben endgültig vorbei!"

Da wird so mancher zu einer leibhaftigen Verkörperung des „Guiness-Buchs der verpaßten Gelegenheiten und ehemaligen Glanzleistungen". Und natürlich kann er die nächsten Jahre damit verbringen, das historische Zerrbild seiner Biographie zu pflegen, was unter anderem auch zur geistigen Rückentwicklung führt. Aber wir müssen uns keineswegs in das Mausoleum der Vergangenheit zurückziehen, um der Gegenwart zu entkommen. Das menschliche Denken erlaubt schließlich beliebige, wenn auch fiktive Bewegungen entlang der Lebenslinie, während der Körper stets in der realen Jetzt-Zeit verbleibt.

Man erinnerte sich vielleicht eben noch an die glückliche Kindheit in Oberbayern und entwickelt bereits im nächsten Augenblick die Vision eines trostlosen Daseins im Altersheim. Dank dieser Fähigkeit ist es kein Problem, dem Hier und Heute durch die Flucht in vergangene oder zukünftige Jahre, nach rückwärts oder vorwärts auszuweichen – und dort einfach stehenzubleiben, um das Zeitgefühl einzufrieren. Deshalb hängt der eine beständig den alten Erinnerungen nach (obwohl er doch physiologisch weiterlebt), während der andere jeder realen Entwicklung längst voraus ist.

Sein Bewußtsein wird nämlich von den Horrorvisionen einer hochgerechneten Zukunft überschattet, und aus deren Blickwinkel betrachtet er die Ereignisse des Alltags: „Es ist ja so schön, das junge Glück der ersten Liebe. Aber wenn ich daran denke, wie viele Beziehungen nach wenigen Jahren im Streit auseinandergehen, dann stimmt mich der Anblick eines frisch getrauten Ehepaars ganz traurig!" Die spekulativen Vorgriffe auf private Katastrophen wie auf die globale Apokalypse sind durchaus verständlich und liegen voll im Trend der Zeit. Denn die Menschheit macht es ihren Schwarzsehern wahrlich leicht.

Jeder weiß schließlich, daß wir tatsächlich vor einem fürchterlichen Abgrund stehen. Die alarmierenden Fakten sind bekannt, die wahrscheinlichen Folgen ohne große Phantasie durchzukalkulieren; es sei nur an die Explosion des Bevölkerungswachstums, an das ökologische Inferno oder den atomaren Holocaust erinnert. Doch die Gruppe der Leute, die Kritik üben, um etwas zu ändern, ist erheblich kleiner als das Millionenheer derer, die sich auf düstere Vorahnungen beschränken, ohne zu handeln. Und dieses eigentümlich passive Verhalten hat seine langen Traditionen.

Zu allen Zeiten gab es Untergangsfanatiker, die in masochistischer Ergebenheit auf die herandräuenden Schrekken des „Jüngsten Tages" warteten. Etwa dann, wenn der Anbruch eines neuen Jahrtausends, eine Sonnenfinsternis oder aufsehenerregende Veränderungen (wie der Flug zum Mond) bevorstanden. Der Faszination des drohenden Verfalls erlagen (und erliegen) viele Menschen, Jünger für die Propheten der Zerstörung gab es stets genug. Das potentielle Ende der Welt wurde zum bitter ernsten Gesellschaftsspiel, bei dem sich jeder mitfürchten konnte – „Chaopoly" als Schauerdrama über den unaufhaltsamen Untergang von Persönlichkeit, Umwelt und Schöpfung.

In diesem Fall ist also die „Realität an sich" weniger erschreckend als die im Kopf bereits vorgefertigten Zukunftsängste. Die Wirklichkeit dient hier lediglich als Baustofflieferant für die weitere Ausgestaltung des Gruselkabinetts der eigenen Sorgen: „Ich weiß ganz genau, daß ich eines Tages mein ganzes Vermögen verlieren werde! Heute brachte das Fernsehen schon wieder einen Bericht über die hoffnungslose Verschuldung der meisten Staaten. Es gibt einfach keine Möglichkeit, den Zusammenbruch der Weltwirtschaft zu verhindern. Wofür habe ich nur mein Leben lang geschuftet, wenn jetzt doch alles vor die Hunde geht?!"

Kein computergesteuertes Trickstudio simuliert so deprimierende Aussichten wie die menschliche Phantasie. Schließlich werden alle Alpträume für den individuellen Bedarf maßgeschneidert, was eine besonders negative Wirkung auf die Gesamtpersönlichkeit garantiert. Sollten Sie also zu jenen Optimisten zählen, die immer noch an der konkreten Gegenwart ihren Gefallen finden, dann ist es Zeit für eine „chronoplastische Bewußtseinsverformung". Zukunft und Vergangenheit sind übrigens gleich gut geeignet, um ein bedrückendes Zerrbild der eigenen Biographie zu entwerfen.

Das Verfahren ist zwar langwierig, aber einfach. Je nach gewünschter Perspektive ist zuerst das Gedächtnis nach brauchbarem Material zu durchforsten. Der „Museumswächter" greift nach wehmütigen Erinnerungen: „Wie ich mich beim Abschlußball blamierte." Der „Horrorspezialist" nutzt dagegen seine ängstlichen Erwartungen: „Wenn nur mein Arbeitsplatz nicht wegrationalisiert wird!" Um längerfristig in der vorgesehenen Zeit zu landen, stimme man das Denken und Verhalten auf die betreffende Epoche und die passenden Ereignisse ab – lebe also ohne Rücksicht auf die Realitäten wie ein verlegener Teenager oder ein entlassener Buchhalter.

Danach ist es nicht mehr schwer, zur Karikatur seiner Persönlichkeit zu werden. Folgende Fragen erleichtern die Entwicklung: „Wie kann ich es endlich überwinden, daß ich von den Mädchen in der zehnten Klasse wegen meiner Pickel ausgelacht wurde?" – „Warum kommt das schöne Weihnachtsfest nie mehr wieder, daß wir vor vielen Jahren im Schwarzwald gefeiert haben?" – „Wie rette ich meine Wertpapiere nach dem Bankrott der Bundesbank im Jahre 2023?" Zerbrechen Sie sich nur Tag für Tag Ihren Kopf wegen solcher Probleme, und die Wirklichkeit wird Ihnen bald nichts mehr zu sagen haben.

19. Wie schreibe ich meine Lebensgeschichte weiter?

„Die Zeit weilt, eilt, teilt und heilt." Diese und andere Volksweisheiten beleuchten den starken Einfluß der flüchtigen Sekunden auf den Alltag. „Den Glücklichen schlägt keine Stunde", wie jeder weiß. Doch hier können sich bald das Tempo und die Folgen drastisch ändern: „Heirate in Eile und bereue in Muße", lautet dazu der ironische Ratschlag eines Sprichworts. Manchmal muß man zwar „kurz entschlossen sein", um den „Zug nicht zu verpassen". Aber solche „Schnellschüsse" und „Eintagsfliegen" bringen nicht immer den gewünschten Erfolg. „Gut Ding will Weile haben", denn nur auf Dauer „wird aus einem Gerstenkorn eine Kanne Bier".

Die goldenen Regeln helfen kaum weiter, wenn jemand zu einer wichtigen Entscheidung kommen muß und glaubt, damit nicht mehr unbegrenzt warten zu können. Ist in diesem Augenblick der passende Zeitpunkt für die Kündigung der Arbeitsstelle (den neuen Mietvertrag, den Verkauf der Aktien…) gekommen – oder nicht? Sollte ich meine Entscheidung lieber „noch einmal in Ruhe überschlafen" oder genau jetzt „die günstige Gelegenheit beim Schopfe fassen"? Hinterher kennt bekanntlich jeder die richtige Antwort darauf, aber dann ist es eben bereits „fünf nach zwölf" und schon mehr als „eine Minute zu spät".

Beinahe niemand muß an den Folgen einer Krise oder wegen einer falschen Weichenstellung sterben; „das Leben geht schließlich weiter", und „die Zeit heilt alle Wunden". Doch die zurückbleibenden Narben einer unglücklichen Liebe, einer menschlichen Enttäuschung oder eines beruflichen Schiffbruchs können jahrzehntelang weiter schmerzen. Auch wenn „Gras über eine Sache wächst", sind die psychischen und sozialen Nachwirkungen damit keineswegs ausgestanden. Deshalb passiert es leicht, daß sich jemand aus Mißtrauen, Gekränktsein und Verletzlichkeit seelisch einmauert und als Persönlichkeit erstarrt.

Dieses Verhalten vergiftet die Vitalität. Das Verständnis für die Hintergründe einer solchen Entwicklung ändert überhaupt nichts an dem fatalen Ergebnis – die Lebendigkeit des Alltags erstickt unaufhaltsam im Korsett der Vorsichtsmaßnahmen, Konventionen und Gewohnheiten. Und genauso erlebt man die Qualität der Zeit, nämlich durch und durch relativ. Die Tage und Wochen kann man mit Ärger vergeuden, nützlich verwerten, gelangweilt totschlagen oder genüßlich auskosten. Keine einzige Sekunde wehrt sich dagegen, wie wir sie verbrauchen: Sie vergeht in jedem Fall und ist bereits im nächsten Moment unwiederbringlich dahin.

In den kommenden 24 Stunden gestalten wir also wieder ein Stück der eigenen Biografie. Und das erlebte Ergebnis hängt ganz wesentlich davon ab, mit welchen Erwartungen jemand auf den nächsten Morgen zugeht. Nur so ist zu erklären, daß die äußeren Umstände (etwa Hektik am Arbeitsplatz, Unfreundlichkeit der Nachbarn) bei verschiedenen Menschen zu widersprüchlichen Erfahrungen führen können. Ganz sicher existieren objektive Überforderungen und unzumutbare Arbeitsbedingungen. Aber alles das wird immer unerträglicher, je mehr die Betreffenden ihr Selbstbewußtsein dem Diktat der äußeren Lebensumstände opfern.

Und darum lautet die erste Überlegung, mit der jeder von uns über den weiteren Verlauf seines Daseins bestimmt: „Wer darf denn eigentlich festlegen, worin der Sinn meines täglichen Lebens bestehen soll?"

Auf den ersten Blick gibt es hier anscheinend keine freien Handlungsspielräume (mehr). Der eine fühlt sich eingekeilt zwischen Karriereplänen, Ratenverträgen und gesellschaftlichen Verpflichtungen; ein anderer wird fortlaufend durch den hohen Blutdruck, die Versetzung in den Ruhestand und die Streitlust der Ehefrau belastet. Und der dritte leidet darunter, die beruflichen Erwartungen seines Vaters nicht erfüllt zu haben und trotz aller Bemühungen kinderlos geblieben zu sein. Ihnen allen ist gemeinsam, daß sie (wenn auch aus unterschiedlichen Gründen) in vorgeschriebenen Bahnen dahinleben, ohne eine Veränderung der Verhältnisse in Angriff zu nehmen.

Denken, Fühlen und Verhalten gehen zwar auf kritischen Oppositionskurs, auch die Sehnsucht nach dem Gefühl von äußerer und innerer Freiheit nimmt zu. Doch der „gewohnte Trott" scheint jede effektive Kurskorrektur zu blockieren, die Abhängigkeit von den (be)herrschenden Verhältnissen erweist sich als stärker. Die bisherige Erfahrung der eigenen Hilflosigkeit führt zur Unschlüssigkeit, indem sie das Vertrauen in die persönlichen Möglichkeiten lähmt. So entsteht die berühmte „Torschlußpanik" als Angst vor dem unweigerlichen Ende aller Chancen – „Kann ich denn in meinem Alter noch ein Kind bekommen, den ersten Roman veröffentlichen oder einen neuen beruflichen Anfang wagen?"

Alles, was jemand erlebt, unterliegt seiner persönlichen Mitbestimmung; und sei es auch nur durch den Entschluß, die wichtigsten Entscheidungen anderen zu überlassen... Dieses Mitverschulden gilt besonders für die Unart, wertvolle Erholungspausen mit der Wut auf Kollegen, Nachbarn und Verwandte zu verderben. Auch der Satz, den Sie gerade gelesen haben, ist samt den Erlebnissen, an die Sie sich vielleicht dabei erinnern, das trickreiche Zubehör einer erfolgreichen Selbstblockade: „Eben ging wieder eine wichtige Minute verloren, weil ich mich darüber ärgern mußte, wie unnütz ich häufig meine Zeit verschwende."

Was ist zu tun, um trotz aller Zweifel endlich einen erträglichen Kompromiß zwischen den äußeren Anforderungen des Alltags und den inneren Wunschzielen zu schließen? Also jenes Motto zu verändern, das kategorisch bestimmt: „Was ich gestern nicht fertigbringen konnte, das mißlingt mir bestimmt auch morgen, und darum sind die Aussichten heute so trostlos!" Wer sich seit längerem damit abgefunden hat, wie sein Leben vom Aufwachen bis zum Schlafengehen verlaufen soll, dem ist zu raten, die Krusten des erstarrten Tagesablaufs aufzubrechen – und die bisherige, so unumstößlich erscheinende Ordnung zu überprüfen.

Weder „beruflicher Erfolg" noch „aufopfernde Selbstlosigkeit" oder der „Kampf um die Macht" sind vom „ewigen Schicksal" als Leitwerte des Daseins vorgeschrieben. Viele Mitmenschen leben nach solchen Prinzipien und erwarten von anderen, das gleiche zu tun. Dabei käme die eigene Persönlichkeit mit ihren Bedürfnissen vielleicht zu kurz. Es geht darum, zukünftig zweigleisig zu fahren, um den äußeren und inneren Belangen gleichmäßiger Rechnung zu tragen: „Wie komme ich mit meinem Chef zurecht, der nichts außer Leistungsdruck und permanenter Hektik kennt?" – „Wie kann ich mich zwischendurch immer wieder ungehindert entspannen und geistig abschalten?"

Durch diese Doppelstrategie werden Verhalten und Erleben allmählich verändert. Denn „nichts ist beständiger als der Wechsel", so stellten schon die Generationen vor uns fest, und „alles ist im Fluß". Wenn Sie den unsichtbaren Käfig Ihrer negativen Selbstbeschränkung verlassen, dann können Sie mit ebenso unvermeidlichen wie angenehmen Auswirkungen rechnen. Jeder Gedanke, mit dem wir von heute aus das Morgen ansteuern, wird nämlich automatisch zum Bestandteil jener Vergangenheit, aus der die Lebenserfahrung entsteht. Das gilt im Schlechten, aber eben auch im Guten.

Und darum lautet die zweite Überlegung, mit der jeder von uns über den weiteren Verlauf seines Daseins bestimmt: „Welchen Seiten meines Lebens will ich in der nächsten Zeit die stärkste innere Bedeutung geben?"

Doch es geht nicht nur darum, die eigenen Gefühle, Träume und Leidenschaften gegen fremde Interessen zu verteidigen und sie trotz der Alltagsroutine lebendig zu erhalten. Oft scheint man so unter organisatorischem Druck zu stehen, daß für die eigene Person kein Freiraum mehr übrig bleibt. Der Beruf, der Partner, der Haushalt und die Kinder fordern und absorbieren tagtäglich die ganze Aufmerksamkeit. Und darüber verfliegen die Wochen und Monate, das Bewußtsein hetzt durch die Jahre; der Sommerurlaub liegt noch nicht lange zurück, und bald ist schon wieder Weihnachten...

Viele Menschen fürchten, die Beziehung zu sich selbst zu verlieren, weil sie (scheinbar) hilflos miterleben müssen, wie ihnen die wertvolle Zeit durch die Finger rinnt. Schuld an solchen emotionalen Lähmungserscheinungen ist ein einseitiges Verständnis von Daseinsberechtigung, das jedem von klein auf gepredigt wird: „Im Schweiße deines Angesichts sollst du dein Brot essen!" Diese Devise setzt den einzelnen unter permanten Druck, damit er seine „Rentabilität" und „Nützlichkeit" beweist – im öffentlichen Leben, am Arbeitsplatz, in der Familie und gegenüber dem eigenen Gewissen.

Jemand funktioniert nur dann und so lange als „wertvolle" Person, wie er „genügend Leistung bringt"; also die geforderte Menge an ausgelieferten Paketen, verkauften Autoradios oder geputzten Fenstern nachweisen kann. Entspannung oder Erholung sind dagegen „unproduktiv" und damit minderwertig. Was bedeutet, daß sich jemand eigentlich erst dann ausruhen darf, wenn „die Arbeit erledigt ist". Doch dieses Zugeständnis erzeugt weiteren Streß, statt den inneren Frieden zu fördern. Denn schließlich ist nie der Punkt erreicht, an dem alle nur denkbaren Aufgaben erledigt, alle Ansprüche erfüllt und alle Probleme gelöst sind.

Die rigorose Ausbeutung von Körper, Geist und Gefühlen ohne Rücksicht auf die persönliche Belastbarkeit führt zu weit verbreiteten Zivilisationsschäden. Wer sich selbst als biologischen Leistungsautomaten überfordert, der lebt weder strebsam noch fleißig, sondern unverantwortlich;

171

und zwar unabhängig davon, welche ideologische Rechtfertigung für das Fehlverhalten gefunden wird. Dem vegetativen Nervensystem und den Hormonen (als Kommandoeinheiten des Organismus) ist es nämlich ziemlich gleichgültig, warum der Betreffende so ausgelaugt ist. Sie registrieren unbarmherzig das energetische Defizit und servieren irgendwann eine gesalzene Rechnung.

Dann sind die schmerzhaften Folgen des beständigen Raubbaus am eigenen Leibe zu spüren. Der Herzinfarkt, die chronische Bronchitis oder schwere Depressionen können das natürliche Ergebnis von langjähriger Überlastung sein. Der beste Schutz gegen derartige Katastrophen wäre eine ausgeglichene tägliche Energiebilanz, und zwar nach der Faustregel: „Je mehr Kraft ich verbrauche, um so bewußter will ich sie erneuern." Aber woher die zusätzliche Zeit dafür nehmen? Wenn wir unter Druck stehen und nicht zur Ruhe kommen, dann doch gerade deshalb, weil selbst die letzte Minute mit Aktivitäten überfrachtet ist…

Hier hilft nur noch die feste Entschlossenheit, ab sofort keine einzige Zehntelsekunde mehr als nötig der Hektik zu opfern. Der Rotstift sollte den ganzen Alltag nach „Zeitdieben" durchforsten; etwa, um die verplemperten Chancen auf Erholung („Während der Mittagsstunde über den Chef geärgert") und den geschäftigen Leerlauf zu entlarven („Wieder bei Inge und Peter angerufen, statt ein paar Minuten abzuschalten!"). Es gilt, fehlende Ruhetage und mißbrauchte Feierabende zu entdecken, ganz besonders aber die vielen falsch genutzten Mini-Pausen aufzuspüren: „Warum habe ich eigentlich um 8.40 Uhr, 10.17 Uhr, 11.35 Uhr, 14.02 Uhr und 15.52 Uhr keine kurze Muskelentspannung gemacht?"

Und darum lautet die dritte Überlegung, mit der jeder von uns über den weiteren Verlauf seines Daseins bestimmt: „Wie kann ich in der nächsten Zeit meine Kräfte besser regenerieren?"

Selbst eine perfekte Koordination von Belastung und Erholung kann allerdings nicht verhindern, daß die Vitalität

172

eines Tages endgültig verlöscht. Die biologische Uhr läuft unvermeidlich ab, irgendwann in naher oder ferner Zukunft, und niemand weiß im voraus genau, wann es soweit sein wird. Manchmal trifft einen diese Erkenntnis wie der berühmte „Blitzschlag aus heiterem Himmel"; etwa nach einem schweren Unfall, in einer geschäftlichen Krise oder am 50. Geburtstag. Plötzlich scheint in Frage gestellt, worauf die Betreffenden bislang so selbstverständlich gebaut haben – ihre Gesundheit, ihr Sozialstatus und die dynamische Sportlichkeit.

Die existentielle Verunsicherung aufgrund der eigenen Vergänglichkeit tritt auch außerhalb von schwierigen Situationen auf. Im „normalen Alltag" bedroht sie eher unauffällig, weil unbewußt die Stabilität des Lebensgefühls. Man spürt lediglich die innere Reaktion auf diese emotionalen Störmanöver. Sie bewirkt, daß jemand verstärkt über seine materielle Sicherheit nachdenkt: „Ob wir uns wohl im nächsten Jahr ein neues Auto und den Sommerurlaub leisten können?" – „Überall warnt man vor der Verschuldung des Staates. Wie sicher sind denn die Renten, wenn die wirtschaftlichen Verhältnisse immer schlechter werden?"

Mit der Zeit kreisen dann die Zukunftsgedanken immer mehr um das tägliche Überleben und prägen so das persönliche Lebensgefühl: „Wie halte ich mich erfolgreich über Wasser, um meine Schäfchen ins Trockene zu bringen?" Aber die meisten Leute brauchen zu ihrem Wohlbefinden weit mehr als das ökonomische Fundament von Haus und Hof, von Job und Vermögen. Wer die ihm verbleibenden Jahre lediglich dem Zusammenhalt des Besitzes verschreibt, der verarmt seelisch – und verliert zuletzt auch noch die Partie gegen das Schicksal. Denn „das letzte Hemd hat keine Taschen", und im Jenseits wird die irdische Valuta bekanntlich nicht in Zahlung genommen...

Wenn Sie darüber nachdenken, was Ihnen die nächsten Monate und Jahre bringen sollen, dann könnte in diesem Augenblick ein aufregendes Experiment beginnen: „Was erfahre ich von mir, wenn ich alle vertrauten Etiketten ablöse und beiseite schiebe, an denen ich sonst im Alltag klebe?" Versuchen Sie, hinter der aufgesetzten Maske des funktionierenden Erwachsenen die lebendigen Gesichtszüge der eigenen Persönlichkeit zu entdecken; also jene einzigartige Mischung aus Stärken und Schwächen, Höhen und Tiefen, der das „Ich" dieses unverwechselbare Profil verdankt.

Der Mensch, von dem wir sprechen, ist seit seiner Kindheit nicht von Ihnen wegzudenken. Er hat es ein Leben lang mit Ihnen ausgehalten und Sie trotz aller Schwierigkeiten, Enttäuschungen und Krankheiten nie im Stich gelassen! Nach den ganzen Jahren dürfte es sicher einige Zeit brauchen, bis Sie herausfinden, was wirklich alles in Ihnen steckt. Außer Ihnen profitiert im übrigen auch die Umwelt erheblich von dieser Mühe. Wie wollen Sie es wohl schaffen, andere Menschen zu mögen, solange Sie sich selber nicht leiden können?

Für die Forschungsreise in die „Innenwelt" gibt es weder Patentlösungen noch vorgezeichnete Wege. Es ist auch kein Zufall, daß manche Fragen offenbleiben, denn sie sind nicht dazu da, um richtig oder falsch beantwortet zu werden. Sie sollen vielmehr die Neugier wachhalten, um den Alltag bis zum Ende rätselhaft, aufregend und sinnlich zu finden. Nur so bleibt der ganze Mensch in dauernder Bewegung und macht sich sein Bild von der Welt. Und unser Leben kann immer nur das werden, was unsere Gedanken laufend daraus machen.

Und darum lautet die vierte Überlegung, mit der jeder von uns über den weiteren Verlauf seines Daseins bestimmt: „Welchen Sinn will ich der Zeit geben, die ab heute vor mir liegt?"

Am besten machen Sie gleich jetzt auf Ihre Weise damit weiter!

Depression – die verkannte Krankheit.

Depressionen scheint jeder zu kennen. Depression hat jedoch viele Ursachen und Gesichter. Viele unserer Vorstellungen über diese Krankheit sind schlicht falsch. Dieses Buch beschreibt Forschungsstand, Erscheinungsformen und Therapien, räumt mit Vorurteilen auf und zeigt, wie man mit der Krankheit und mit depressiv Kranken besser leben kann.

> Ursula Nuber
> **Die verkannte Krankheit –**
> **Depression**
> Wissen, behandeln, mit der Krankheit leben
> *160 Seiten, kartoniert*

Herz in Not.

Der Herzkranke leidet nicht nur an einer »Organstörung«, er ist in seiner ganzen Existenz bedroht. Welche mitmenschlichen Beziehungsstrukturen zu Herz-Kreislauf-Erkrankungen disponieren, welche Risikofaktoren und Persönlichkeitsmerkmale eine Rolle spielen, welche medizinischen und psychologischen Daten für Diagnose und Therapie wichtig sind, erläutern die Autoren anhand ausführlicher Beispiele. Im Zentrum stehen dabei der Herzinfarkt, der Bluthochdruck und die Herzneurose.

> Gion Condrau
> Marlis Gassmann
> **Das verletzte Herz**
> Buchreihe »Psyche & Soma«
> *216 Seiten, mit 8 Farbtafeln und einigen*
> *Schwarzweißabbildungen, kartoniert.*

KREUZ: Was Menschen bewegt.

Wenn Angst zum Leben herausfordert.

Für Menschen, die unter starken Ängsten leiden, ist es wichtig, die tiefere Bedeutung ihrer Angst zu verstehen. Ängste wie die Flug- und Prüfungsangst, Phobien, mit Angst verknüpfte Krankheiten (Asthma) wie auch die diffusen Ängste werden auf ihren Sinn untersucht. Alois Hicklin zeigt, wo die Möglichkeiten zur Angstbewältigung liegen: Angst fordert uns auf, bisher brachliegende Verhaltensmöglichkeiten in uns zu erkennen und endlich zu ergreifen.

Alois Hicklin
Das menschliche Gesicht der Angst
Buchreihe »Psyche & Soma«
168 Seiten, kartoniert

Krankheiten unserer Zivilisation:

Die Magersucht (Anorexia nervosa) und die Eßsucht (Bulimima nervosa), unter denen vor allem Frauen bzw. junge Mädchen leiden, sind nicht nur typische Krankheiten unserer modernen westlichen Zivilisationsgesellschaft, sie sind auch Paradebeispiele psychosomatischer Erkrankungen. Heinrich Erpen zeigt, daß sie in allen Lebensphasen der Frau – z.B. nach einer Trennung, Niederkunft oder Unterbindung, in den Wechseljahren und sogar im Alter – auftreten kann. Erkenntnisse, die Betroffene wie auch Therapeuten und Ärzte aufhorchen lassen.

Heinrich Erpen
Die Sucht, mager zu sein
Der Kampf mit dem eigenen Körper
Buchreihe »Psyche & Soma«
180 Seiten, kartoniert

KREUZ: Was Menschen bewegt.